You are a person who should be happy.

ネガティブがあっても
恋愛はかなう！

不安な恋の
トリセツ

幸せ恋コンサルタント
YUKA＆れいたま

廣済堂出版

はじめに

不安になる人ほど、かなえる力を持っている

はじめまして。YUKA（ゆか）&れいたまです！

私たちは「幸せ恋コンサルタント」として、今まで5000人以上の女性の恋愛をサポートしてきました。今はブログやオンラインサロンで、幸せな恋をするためのコツを日々発信しています。

おかげさまで、開催するセミナーは募集開始1分で満席になります。

そして、毎日たくさんの幸せなご報告を読者さんや受講生さんからいただいています。

そんな私たちにとって、本書は念願でした。

あなたは恋をしていて、こんな不安を感じたことはないでしょうか？

「彼は私のことどう思っているんだろう」

「LINEが既読にならない、嫌われたかな」

「本当にかなうのかな」

私たちのところへ相談に来る方のほとんどが、不安やあせりなどのネガティブ感情を抱えていました。

そして実は私たち自身も、不安な恋をたくさん経験してきました。

恋の悩みは尽きないからこそ、みなさんに「不安とのつき合い方」をお伝えしたかったのです。

恋愛は本来、温かくて楽しくて幸せなものです。

なのに、気づくと毎日彼のことばかり考えて、ネットで情報集めをしたり、ＳＮＳをチェックしたり、何度もＬＩＮＥを確認したり。

不安でいっぱいで、心の中がざわざわする恋愛は本当に苦しいですよね。

このネガティブ感情、苦しいので自分の中からなくしてしまいたいと思いませんか？

ですが実は、このネガティブ感情は消えてなくなることはないのです。

ビックリですよね！　消せないのです!!

「どうしたらいいの」と思うかもしれませんね。

この本では、恋愛の不安や執着心など、さまざまなネガティブ感情が出てきたときに、それらとどうおつき合いしていくのか、**「ネガティブな感情をふんわりと軽やかにさせ、幸せな恋に変えていく方法」**をまとめました。

私たち自身が実践し続け、５０００人以上のサポートをしてたどり着いた、不安な恋のトリセツです。

悩んでいた受講生さんの多くが本書の内容を実践し、今では楽しみながら幸せな恋をかなえているので、自信を持ってお届けします。

もし今の恋が少しでも苦しいなと思ったら、ぜひ読み進めてみてください。

ネガティブな人ほどかなえる力を持っています。

さあ、ここからあなたのネガティブ感情を幸せな恋をかなえるパワーに変えていきましょう♡

ＹＵＫＡ＆れいたま

※本書は2人で書いていますが、チャプター1からはみなさんが読みやすいように「私たち」ではなく、「私」と表現させていただきますね。

Chapter2

「不安」と「執着心」があっても恋をかなえられる

Chapter3

4つのステップでネガティブと上手につき合う

Chapter5 恋がうまくいく人の考え方

Chapter6 「嫌われたくない」「失敗したくない」「傷つきたくない」 恋の3大恐怖心を手放す

Chapter7

「恋の不安あるある」ケース別お悩みQ&A

Chapter 8 恋は楽しめば楽しむほどうまくいく

Chapter 1

恋すると100%不安になる

不安は幸せの裏返し

私はこれまで、５０００人以上の女性の恋愛相談にお答えしてきましたが、ほぼ１００％の方が、恋愛で何かしらの不安を抱えていました。

そして私自身も、過去に恋愛でたくさん不安になっています。


「告白してうまくいかなかったらどうしよう」

「誘って断られたら傷つく」

「彼に彼女ができてしまったらどうしよう」

「連絡先を聞きたいけれど教えてもらえるかな」

「迷惑だって思われたら？」


本当に挙げだしたらキリがないほど、恋愛の悩みは尽きません。きっと今読んでくださっているあなたも、何かしら不安になった経験があってこの本を手に取られたのでしょう。その気持ちはよくわかります。

気になる人ができると、相手にさらに強い関心がわきますよね！　私たちは、

「もっと話してみたい！」
「もっと彼のことが知りたい！」
「もっと仲よくなりたい！」
「恋人になりたい！」

と、相手を好きになればなるほど、距離を縮めたくなります。

そして同時にとっても臆病にもなるのです。

〝嫌われたくない〟
〝失敗したくない〟
〝傷つきたくない〟

という気持ちが強くなります。

彼と近づきたいと思えば思うほど、特に不安は強くなりやすいのです。

不安の大きさ＝彼のことを好きな強さ

私も、友だちは「ごはんに行かない？」と気軽に食事に誘えます。もしも予定があって断られたとしても、「またお誘いすればいいよね！」と思っているからです。

ところが気になる彼には違いました。

勇気を出して食事に誘っても、もし断られたら……と思うとなかなか行動に移せなかった経験があります。気になる彼には、「断られてもいいか！」なんて思えません。

もちろん友人も彼もどちらも大切な存在です。

ですが、恋愛になると、行動するときの恐怖感やドキドキが、ものすごく大きくなります。

女性にとって恋愛は特別だからこそ、「なんとかしてうまくいかせたい！」と力が入ります。すると「もしもうまくいかなかったら……」と不安な気持ちも必ず出てくるものです。

誰かを好きになるのはとても幸せなことですよね。

そして好きだからこそ不安にもなる。

恋と不安は、本当にセットです。

ですが、不安を怖がる必要はありません！　それは、幸せの裏返しでもあるから。「自分はそれだけ彼が好きなんだな」と、不安も含めて楽しんでみましょう。

女性は妄想が得意

たくさんのご相談を受けていて、女性は妄想するのが本当に得意だなと思います。

彼とおつき合いできたらどこにデートに行こう♡
結婚式はこんなイメージでやりたいな♡
彼と結婚したらどんな生活をしたいかな♡

私も妄想するのが好きなので、気づいたら電車の中でニヤけていて、ちょっとだけ恥ずかしかったことがあります（笑）。

妄想ってとっても楽しくてワクワクしますよね！

また反対に、不安なことを妄想するのも女性の得意技です。

ある受講生さんは、彼から来たＬＩＮＥを見て、あせって私に連絡をしてきました。

「彼のＬＩＮＥのアイコンが変わっていたんです。オシャレなカフェの写真になっていて……。もしかして別の女性がいるんでしょうか？」

私はこれに対して、「大丈夫！　ただアイコンが変わっただけですよ！」とシンプルに事実をお伝えしました。

おそらく彼がアイコンを変えたことに大きな意味はなかったはずです。ですがその受講生さんは、「ＬＩＮＥのアイコンを変えるなんて、きっと違う女性とカフェに行ったんだ。アイコンを変えるくらい特別な人なんだ」と、頭の中で彼が違う女性とお茶している様子が浮かび、不安になってしまったそうです（ちなみに確認したらやっぱり違っていました）。


特に恋愛では、不安なことをイメージしてしまう女性がとても多いと感じます。

「彼からのＬＩＮＥの絵文字が少ない」→「私を嫌いになったのかな」→「私が何か悪いことをしたのかも」

こんなふうにひとつの事実から彼の想いをイメージし、不安を連鎖させてしまうのです。

ですが実際は、「ただ絵文字が少なかっただけ」であって、彼女を嫌いになったわけでも、何かしてしまったわけでもないのです。むしろやりとりに慣れて、彼女に信頼や安心感を持っていて絵文字が減ったのかもしれません。

妄想にはプラスの面がある

不安になるのは、傷つかないために自分で予防線を張っているんです。

だから不安な妄想をしてしまうのも、決して悪いことではないので安心してください。

妄想したり、イメージをふくらませるのには、プラスの面もたくさんあります!

私もよく妄想してワクワクしていました。「こんなプロポーズがいいな」とサプライズ盛りだくさんのプロポーズをいつも妄想しては、1人で幸せに浸っていました。

それを彼に伝えたことはありませんが、実際にサプライズいっぱいのプロポーズがかなったのです。

〝イメージできることはかなう〟と言われています。**妄想して具体的なイメージを持てる人は、自分の理想を明確にしてかなえていける人**でもあります。

ただネガティブな妄想をしたときに、それを自分の中で消化せず、事実ではないことを彼にぶつけてしまったり、不安をどんどん自分の中で大きくしてしまうと、恋愛はうまくいきません。

不安との上手なつき合い方を学んで、自分の中で消化できれば、怖いものではなくなるので安心してくださいね。

不安との上手なつき合い方はチャプター3でお伝えします。

幸せな恋をかなえている人も そうなるまで不安だった

よく「どうしたら不安な恋を卒業できますか？」とご質問をいただきますが、それも難しいなと感じます。

先ほども書いたように、**恋愛と不安はセットで絶対に消せない**からです。

恋がかなう直前なら、愛されて幸せいっぱいだから不安になんてならないと思いますか？

ですが、そうではありません。どんなに恋愛がうまくいっていても、大好きな人と結ばれるまでは、小さなことにだって不安が出てくるのは当たり前です。

「かなう直前まで不安でした」

これは幸せな恋をかなえた受講生さん全員が必ず言う言葉です。

そして私も、同じようにかなう前日まで「本当に結婚できるかな」「本当に復縁できるかな」と不安でした。

不安は一生なくならない。だから上手につき合おう

いい感じにＬＩＮＥが続いてデートができていても、「彼女になれるかな」と不安になります。

おつき合いができたとしても、次は「いつプロポーズされるかな」と不安になります。

プロポーズをされたとしても、次は「結婚への不安」が出てきます。

不安は生きている限り、次から次へと出てくるものなんです。

私も今でもそうですが、かなえては出てくる新たな不安と、上手におつき合いすることにしています。

「不安になってしまう自分はダメだ」

「前向きでいないと恋がかなわない」

と今の自分を否定して、もっともっとがんばらなくちゃ、もっと素敵にならなくちゃ

なくちゃと思ってきた人は、もう不安な気持ちを消そうとがんばるのはやめましょう！

すでに幸せな恋をかなえている人たちも、その恋がかなう1秒前まで不安だったのですから！

不安になるのはあなただけではありません。たくさん仲間がいますよ。

もうこの際、不安になることに降参してしまいましょう！

ネガティブゼロをめざさない

「引き寄せの法則」では、自分が出しているエネルギーがすべてで、できるだけよい感情でいましょう、と必ず言われます。

ですが、しつこくお伝えしますがネガティブ感情は消せません！

恋愛は１人ではできません。相手がいることだからこそ、自分を常に心地よくいさせるのは不可能です。

恋をすると、自分1人だったら感じなかったはずの感情が、たくさん出てきます。

大好き、うれしい、楽しいといった幸せばかりではありませんよね。ケンカをしたり、想いが伝わらなかったり、なかなか会えなくて寂しくなったり……。

私も引き寄せの法則を知った頃は、ネガティブ感情がとても怖かったです。彼へのＬＩＮＥが未読のままだと、不安でたまりませんでした。

でもモヤモヤするエネルギーのままでいたら、よくないことが引き寄せられると思って、必死で不安を消そうとがんばりました。消そう消そうと思うほど、気持ちが不安定になっていくのを感じて、とてもあせったのを覚えています。

人間の脳は不思議で、不安を消したいと思うほど、かえって消えにくくなるのです。

今では私は、ネガティブ感情を消そうと普段がんばることはありません！

もちろん、ネガティブな状態がずっと続けば、同じエネルギー同士の物事が引き合ってしまいます。

ですが、怒りも悲しみも不安になることも、そこには根本的に自分を守りたいという、自分への愛が隠れているのです。

ワクワクがネガティブより少し多ければＯＫ！

私たちはついつい、ネガティブ０：ワクワク10を目指しがちですが、私が普段意識しているバランスは、

ネガティブ４：ワクワク６

です！　どうでしょう？　これならできそうじゃありませんか？

自分を守ってくれる大切な存在として、ネガティブ感情も４割は感じていてＯＫなんです。

そして、ネガティブ感情よりも、うれしい、楽しい、幸せだなと感じるよいエネルギーの感情のほうが少しでも多ければＯＫです。

きっとこれらの状態は、毎日同じではありません。よいことばかりが続いてワクワクの割合が多い日は最高です。

反対に、うまくいかないことばかりでネガティブの割合が多くなる日もあるかもしれません。だけど、合言葉は「そんな日もあるよね！」です。

そういう日は意識的に、ワクワクを少しでも増やすように心がけましょう。「疲れたからコンビニでスイーツを買った」。そんな小さなことでもワクワクの割合を増やせますからね！

ネガティブと上手におつき合いしていくためには、完璧を目指さないことが大切です。

一度消えたように見えてもまた出てくるのがネガティブです。ですから0：10を目指すと必ず失敗してしまいます。

ネガティブ感情が強い場合は、まずは4：6くらいの割合を意識することからはじめましょう！

そして慣れてきたら、ワクワクの割合を少しずつ増やしてみてください。

幸せな恋愛とは？

ここまで読んでいただくと、もう恋愛をしている限り、不安は避けられないとよくわかるでしょう。

そう、逃げられません（笑）。

彼は何をしているのかな。
彼はどう思っているのかな。
彼とうまくいくかな。
彼に会いたいな。

恋愛中は、彼のことばかり考えてしまいますよね。

大好きと不安があふれて、眠れなくなることもあるかもしれません。

なんだか涙がこぼれてくることもあるかもしれません。

うまくいかなくて、自信がなくなってしまうこともあるかもしれません。


でも、恋愛ってそういうもの。

大好きな気持ちも、大きな不安も、女性はいくらでもそこにエネルギーを注げてしまうのです。

私もたくさん恋をしてきたからこそわかります。不安になること。それは恋愛の醍《だい》醐《ご》味《み》でもあるのです。


不安ばかりの恋愛なんて幸せではないと思う方も多いかもしれません。

ですが、不安が大きかったのは、それだけ相手への想いも大きかったということですよね。

もちろん恋の結末は、必ずしもハッピーエンドとは限りません。

ですが、それだけ誰かを好きになれたのは、とても幸せだと思いませんか？

だからこそ、不安になることを怖がらずに、今の恋をまっとうしてほしいのです。

Chapter 2

「不安」と「執着心」が あっても 恋をかなえられる

ネガティブになることは必要

「私、すぐ不安になってしまうんです」

「傷つくのが怖くて行動できないんです」

「イライラしやすい性格なんです」

そう言って、私の講座に参加される受講生さんが多くいます。ネガティブな自分を好きになれず、なんとかポジティブになろうとがんばっている人がほとんどです。

そんなみなさんに、私はまず初めにこうお伝えします。

「ネガティブは必要な感情だよ！」と。

すると、多くの受講生さんがビックリした顔をされます。

チャプター1で書いたように、私も昔はネガティブになるのはよくないと思っていました。未来を怖がって消極的になってしまったり、小さなことも悲観的にとらえてしまったり、悪いことだらけだと……。

ですが、ある映画に出会い、ネガティブへのとらえ方が変わりました。ディズニー／ピクサーの『インサイド・ヘッド』です。

この映画は、1人の女の子の頭の中が舞台で、人間の感情を擬人化した5つのキャラクターが登場します。

主人公の女の子を誰よりも笑顔にしたいヨロコビ、腹が立ったときに怒りを爆発させるイカリ、嫌いなものを拒絶するムカムカ、危険から身を守るビビリ、そして女の子を傷つけたくないと誰よりも守ってくれるカナシミ……。

ヨロコビ以外はすべてネガティブ感情ですが、どのキャラクターも、主人公を幸せにしようと頭の中で一生懸命にがんばるのです！

この映画を観て、怒りや悲しみといったネガティブ感情は、自分を守ってくれていると知り、心が軽くなりました。

ネガティブ感情が愛を教えてくれる

私たち人間にはたくさんの感情がありますよね。

うれしい・楽しい・穏やか・心地よい・幸せ・好き等の温かい気持ちになれる感情。

悲しい・寂しい・不安・うらやましい・嫌い等の心がざわざわする感情。

人間の心は、「何かを感じる」のが通常の働きです。感情は、本来なくなりません。

心にポジティブもネガティブも両方存在しているのがもっとも自然な状態。

反対に「何も感じなくなってしまった」ときは注意が必要。それはもう心が悲鳴をあげている状態です。

私たちはさまざまな感情があるから、人間らしくいられます。

そしてその感情は、どれもすべて〝自分を幸せにするため〟に出てきます。

それはネガティブであってもです。

不安や心配になるから、将来困らないようにお金やモノを備えます。

悲しい、寂しいなどの心の痛みを知るから、人に優しくできます。

うらやましいと思うから、自分の本当の望みを知ります。

そう、ネガティブ感情があるから、愛や希望を知るのです。

欠けていい感情なんてひとつもない

もちろんネガティブの渦中にいるときは、心がざわざわして苦しいですよね。彼に会えなくて寂しくてたまらない夜もあると思います。

でも、そういうときは、自分の中にある彼への大好きもあふれます。そして、普段は当たり前すぎて見過ごしてしまっている、彼からの小さな優しさや愛にも気づいたりするものです。

だからネガティブ感情は、たくさんの気づきを与えてくれているギフトでもあるんですよね。

もしも私たちの頭の中に司令塔があって、そこで感情というキャラクターがいるとしたら……。

そして私たちを幸せにするために、がんばって怒ったり悲しんだりしていたら……。

なんだか少し笑えて、優しい気持ちになりませんか？

不安になるのは自分を愛している証拠

ネガティブ感情の中でも、もっともご相談が多いのが「不安」についてです。

自分をすごく心配性だなと思ったことはありませんか？

「うまくいかなかったらどうしよう」

「彼に彼女ができたらどうしよう」

「誘って断られたらどうしよう」

「このままずっと1人だったらどうしよう」

いろいろと不安で心配でたまらなくなってしまう方も多いですよね。でもやっぱりそれも、人間としてとても自然なことなのです。

潜在意識は「不安」で私たちを守ってくれている

私たちは95％の潜在意識《せんざいいしき》（無意識）と、５％の顕在意識《けんざいいしき》で動いています。

「潜在意識で願いをかなえる」という言葉を聞いたことがあるかもしれません。潜在意識を「願いをかなえる魔法使い」のように思っている人も多いかもしれませんね。

でも、潜在意識の一番の仕事は「生命を維持すること」です。

当たり前ですが、呼吸をするのも、心臓を動かすのも、無意識（潜在意識）に行っていますよね。

そして、心配になったり、不安になるのも、潜在意識の働きかけが大きいのです。

私たちは何かを心配して、それを予防して、自分の身を守り生命を維持するようにできています。

たとえば地震が起きたら怖いから水や非常食を備えるように、心配したり、不安になったりするのは、自分を守るための防衛反応でもあるのです。

私たちのベクトルは、いつだって幸せになることに向かっています。

何かをかなえたいから、「本当にかなうのかな」と不安になります。未来はわからないからこそ、不安も強くなります。

でもどれもすべて、自分を傷つけないように守るため。幸せに生きるためなんですよね！

不安とは自分が大切だからこそ出てくる感情であって、自分を愛している証拠でもあるのです。

それなら不安も悪くないのかなと思えませんか？

まずは不安へのとらえ方を変えていきましょう！

「持っていい執着」と「手放したほうがいい執着」

もうひとつ、何かをかなえたいと望んだときに必ず出てくる感情があります。

それが「執着心」です。

よく「執着心を手放さないと願いがかなわない」なんてネットや本で書かれていますよね。

そのため、この執着心もネガティブでよくない、と思っている人が多いのではないでしょうか。

ですが、これも残念ながらゼロにはできません。

何かをかなえたいとき、当たり前ですが「かなわなくてもいいか」なんて思えません。

「かなったらうれしい！」

「絶対にかなえたい！」
「あきらめたくない！」

と思うのが人間ですよね。

仕事でも恋愛でも物でも、何かに執着するのは、それを手に入れてさらに幸せになりたい想いがあるから。

執着心は誰もが持つ、自然な感情のひとつなのです。

私も、心からの願いをかなえるのに、たくさん執着してきました。大好きな人との結婚も、本を出すことも、絶対にかなえたい――その想いを手放したことは一度もありません！　執着しながらかなえてきたのです。

だからみなさんが願いをかなえるときに執着する気持ちがとてもよくわかります。

執着すること、強く願うこと。それ自体は決して否定しないでいいのです。

「執着しやすい」のは魅力のひとつ！

執着しやすい人は、パワーがある人です。

・夢中になると止まらなくなる
・やりたいことがあると没頭しやすい
・あきらめない強さがある
・最後までがんばれる持久力がある

とも言えます。

一見ネガティブに感じる「執着心」も、実はとてもエネルギッシュなもの。

執着しやすいことは魅力の一部でもあるんですよね。

先ほど、私も執着しながらかなえてきたと言いました。

そう、執着があってもかなえられます。

ですが、執着にも「持っていていい執着」と「手放したほうがいい執着」があります。

「好きな人とおつき合いしたい」という願いを例に、違いをお伝えします。

◆持っていてもいい執着――『かなっちゃったらどうしよう♪』

・「それが手に入ったらうれしいな」「かなったら幸せだな」とシンプルにかなった先の幸せを感じられる状態。
・温かい気持ちで願えて、かなえるために前向きに行動していける。
・かなえたい気持ちは持ちつつも、それだけにとらわれず、日常を楽しめる。

このような状態であれば、「持っていてもいい」執着です。

たとえば、「彼とおつき合いできたら、あの素敵なカフェでデートしたいな！

そのときはとびっきりオシャレするんだ！　かわいいワンピースを着ていこう。

あ〜もう、かなうのが楽しみ♪」

などと純粋にかなった未来にワクワクできたら、願うことがとても楽しいですよね。かなえるために、積極的に彼にアプローチしてみたり、ダイエットをしてきれいになろうと努力したり、いつかのそのときのために、もっと素敵な自分になろうとがんばれます。

こんなふうに、恋愛が楽しいと日常や仕事まで楽しくがんばれるのが女性です。執着を持ちながら想いをかなえる人は、彼のことは大好きだけど、1人で過ごす自分時間も大切にしていけるのです。

◆手放したほうがいい執着――『かなわなかったらどうしよう……』

・「それがないと満たされない」「かなわなかったら幸せになれない」と不安と不足感でいっぱいの状態。
・願うことを純粋に楽しめず、苦しくなってしまう。
・そればかり考えてしまい、他に何も手につかなくなってしまう。

このような状態は「手放したほうがいい」執着です。

たとえば、「彼とつき合いたいけれど、本当にかなうのかな。あ~今日も全然連絡が来ない。他に好きな人がいるのかも。彼がいない毎日は全然楽しくないな。彼とうまくいかなかったら、きっと私、一生独身なんだ」

こんなふうに、彼じゃないとダメだという想いが強くなればなるほど、「かなわない＝幸せになれない」と感じ、自分の未来が不安と恐怖感でいっぱいになっていきます。

もう何をしていても、不安感から願いのことばかりを考えるようになり、連絡待ちでスマホが手放せなくなったり、安心するためにネットサーフィンで情報を集めたりしてしまいます。そしてかなっていない自分には価値がないように感じ、自己否定が始まります。

これはもう、苦しくてつらいだけです。

よい執着と悪い執着、どちらも恋をかなえたいという強い気持ちは同じです。しかし、**エネルギーの軽やかさが違います。**

執着自体は悪いものではありませんが、「今幸せではないからほしい」という不足感の強い執着はエネルギーが重たくなります。

「今幸せではない」と思っていれば、幸せなものを引き寄せられませんよね。

このような重たいエネルギーの執着は、願いをかなえるブレーキになってしまうのです。

執着をなくそうとがんばるのではなく、少しでもエネルギーを軽やかにしていくことが大切です！

執着に光を当ててあげるようなイメージですね。

執着しながらかなえていく

そもそもあきらめたくない想いがあるってとても素敵なこと。願いや夢があるって幸せですよね。

だからこそ、**貪欲《どんよく》に願っていてもいい**のです！

ですが苦しいほどに執着してしまうと、自分をどんどん苦しめてしまいます。

不安や執着などのネガティブとのつき合い方については、この後のチャプター3で詳しくお伝えしたいと思います。

ここでは、「執着していてもかなうんだ！」「あきらめなくてもいいんだ！」と気持ちを少し楽にしていてくださいね。

Chapter 3

4つのステップで
ネガティブと上手に
つき合う

不安や執着があっても幸せになる人の特徴

チャプター1、2で、「不安」や「執着」などのネガティブ感情が悪いものではないと伝わったでしょうか。

それでも、ネガティブ感情は怖いと感じてしまう人がいるかもしれません。

ですが、私も日々、ネガティブになります。

新しいことに挑戦するときは、うまくいくかなと不安になります。

失敗してしまって落ち込むこともあります。

家族にイライラしてしまうときもあります。

涙が止まらないほど悲しい気持ちになったりします。


それでも願いはどんどんかなっているし、幸せな日々を送っています。

つまり、ネガティブ感情があるから、願いがかなわない、幸せになれないということはないのです！

おそらく私とみなさんのネガティブ感情になる頻度は、ほとんど変わりません。

知る限り、たくさん願いをかなえてキラキラ輝いているように見える人であっても、日々ネガティブになっています。

本当にそれくらい当たり前なんですよね。

ネガティブ感情があっても幸せになっていける人には、特徴があります。

◆ネガティブ感情を持ったまま幸せになれる人

- ネガティブ感情がある自分も認められる
- ネガティブ感情を必要以上に怖がらない
- ネガティブ感情と上手につき合える
- ネガティブになったときにエネルギーを軽やかにする方法を知っている

◆ネガティブ感情に支配されて幸せになれない人

・ネガティブ感情をダメなものだと思っている
・ネガティブになる自分を否定してしまう
・ネガティブ感情を必死で消そうとがんばってしまう
・ネガティブにとどまり続けてしまう

ネガティブになる頻度や内容が同じであっても、それへの理解ととらえ方が違うだけで、幸せになれるかどうかが変わってくるのです！

ですから、ネガティブになりやすいのは性格だから変えられないと思ってきた人も安心してくださいね。

大切なのは、ネガティブ感情とのつき合い方。それを知ると、幸せに軽やかに人生を生きていけます。

そして、ネガティブがあっても私は幸せになりたいのだと決意してみてください！

ネガティブ感情と仲よくなる4ステップ

私はよく「ポジティブですね！」と言われるのですが、元々はものすごくネガティブでした。

しかし、だからこそ、ネガティブが出てくるたびに向き合うことで、なくさなくても上手につき合っていけば問題ないんだ！　と気づきました。

今の私はネガティブともポジティブとも仲よく共存していて、上手にバランスを取れるようになっています。心が安定していることが多くなり、ポジティブでいられる時間が増えてきました。

だから、ネガティブ感情を悪者にしてなくそうとするのをやめて、「上手につき合っていこう」「仲よくしよう」という意識で向き合ってみてください。

そのために、ネガティブ感情と仲よくつき合っていくステップを4つに分けてご紹介していきます。

【Step1】否定せずにただただ受け入れる
【Step2】共感して寄り添ってあげる
【Step3】「どうなりたい？」と問いかける
【Step4】気持ちを切り替えるための引き出しをたくさんつくる

Step1 否定せずにただただ受け入れる

まず最初に、ネガティブになっていることをまるっと認めてしまいましょう。
もう1人の自分が「ネガティブになっている今の自分」を客観的に眺めているイメージです。

「あ、ネガティブ感情が出てきたな」
「今、不安になっているな」
「あせりが出てきているんだな」
「こう言われてショックだったんだな」

ネガティブ感情が出てくると、反射的に「ダメダメ！」と自分を責めてしまったり、すぐにネガティブ感情を排除しようとしてきた人も多いと思います。

しかし、**ネガティブ感情に対して、「よい」「悪い」のジャッジをせずに、「そうなっている」と受け入れてあげることが大切**です。

ネガティブ感情にどっぷり入り込むのではなく、一歩引いて見ると、それだけでも少し楽になりませんか？

もう1人の自分が、少し離れたところから自分を「今の私は不安でいっぱいなんだな」「寂しいって思っているんだな」と、客観的に見ている状態です。

自分の心の声に気づけるのは、自分しかいません。無視したり、排除しようとするのではなく、自分の心の声にただ気づいてあげましょう。

決して否定せずに、ネガティブになっていることそのまま認めることが、自分の感情を上手に扱ってあげるファーストステップです。

Step 2 共感して寄り添ってあげる

ネガティブ感情を受け入れたら、次のステップで「寄り添って」あげましょう。

もう1人の自分と会話をするように自分の声を聞いて、すべての感情に味方をしてあげるイメージです。

たとえば彼に素っ気ない態度をとられてしまったとしたら、「そうだよね。悲しかったよね。そんなことがあると不安になっちゃうよね」と出てきた感情をオウム返しで聞くだけでいいのです。

女性は特に、つらかったりイヤなことがあったとき、誰かに話を聞いてもらうだけで「少し楽になった」という経験がある人は多いでしょう。それといっしょです。

ネガティブな自分になったときこそ、自分を大切にするのです。


もしも大切な友だちが、今の自分と同じような状況で不安になっていたら、どんな声をかけてあげますか？

「そんなんじゃダメだよ！　よくないことが引き寄せられるよ！」なんて、きっと言わないと思います。

きっと「うんうん、そうだよね。そう思ったりするよね」と受け止めて、温かい言葉をかけてあげるのではないでしょうか。

大切な自分に対しても、「うんうん」と共感し、大切な友だちと同じように寄り添ってくださいね。


「こんなに彼を好きなんだから、連絡がないと不安になるよね」

「周りの結婚報告が続くとあせっちゃうよね」

「それくらいかなえたいんだもんね」

自分を包み込むように、優しい言葉をかけてあげましょう。安心感が生まれ、少しだけでも気持ちが楽になれるはずですよ。

ネガティブ感情には光を当てる♡

自分のネガティブ感情を無視して、無理にポジティブに持っていこうとしても、心の奥底に不安やモヤモヤは残ります。蓋《ふた》をして見ないようにすればするほど、ふとしたきっかけで感情が爆発してしまう場合があるのです。

ですから、一度しっかりネガティブ感情を取り出して、しっかり感じ切りましょう。

自分の感情を「なかったもの」にしないことが大切です。

ネガティブ感情を感じているときは、確かに心地よい状態ではありません。

しかし、「ネガティブになっちゃダメだ！」と自分にダメ出しをしているときと、「ネガティブになっても大丈夫」と自分にＯＫを出している状態で感じるときでは、その心のあり方は大きく違ってきます。

チャプター1でも触れましたが、**ネガティブ感情には大切な想いが隠れています。**

たとえば、「彼のことばかり考えてモヤモヤしてしまう」というネガティブ感情には、「それくらい彼のことが好き」という想いが隠れていて、一生懸命恋をしている証拠です。

「結婚報告が続いてあせる」というネガティブ感情は、「私も幸せな結婚がしたい」という本音の表れです。

ネガティブ感情を〝あせり〟〝不安〟と表現すると悪いことのように感じて、「早くなくさなきゃ」と思いますよね。

しかし、「彼をすごく好き♡」「早く結婚して幸せになりたい♡」と自分の気持ちを素直に表現すれば、それは一途《いちず》な想いです。

ネガティブ感情に光を当てて、
「それだけ好きなんだね」
と受け入れましょう。

自分の味方でいるとネガティブ感情もプラスに変わる!

私は結婚した今も、みなさんと同じようにイライラしたりモヤモヤしたり不安になったりします。絶対にかなえたいと執着することもあります。

それでもこれまでたくさんの願いをかなえてきていますし、ありがたいことに「前向きでキラキラしていてうらやましいです!」と言ってくださる方もいらっしゃいます。

じゃあ昔と何が違うのかな? と言うと、**ネガティブになっている自分を「ダメだ」と思わないところが大きな違い**です。

私が前向きでいられるのは、ネガティブになることを自分に許していて、上手につき合っているからなのです。

「みんなネガティブになることはあるしね♪」と、自分を否定せずにネガティブになる自分にもＯＫを出している。うまくいく人の違いはここだけです。

ネガティブになっているときこそ、**自分が自分の一番の味方でいてあげましょう。**

大好きな彼や大切な友だちと同じように自分に接すれば、イライラやあせり、不安がだんだんと〝安心〟のエネルギーに変わるのです。

「またネガティブになっちゃった！　ダメダメ！」とダメ出しをすると、自分を苦しめてしまう自己否定のエネルギーになってしまいます。

そこを「ネガティブになるときもあるよね♪　それだけかなえたいことなんだから」と自分の味方でいてあげるのです。

「引き寄せの法則」は、自分の発したエネルギーが現実をつくっていくというもの。

不安になっても、自分に寄り添って安心感を積み重ねられたら、未来に起きる出来事も確実に変わっていきますよ。

〝安心感〟に包まれた未来を引き寄せるのです。

プラスの感情は彼がくれるものではない!

受講生さんに、「理想の幸せな恋とはどんなものですか?」と質問すると、

「彼に大切にされて、大きな安心感に包まれている恋をかなえたいです」

「自然体の自分でいられて、居心地がよく安心感を感じられる恋がしたいです」

と、〝安心感〟のある恋を挙げる人が多いように感じます。

大好きな彼とおつき合いしたとしても、心乱れたくはないし、不安になんてなりたくない。ホッとできて心穏やかにいられる。そんな安心感のある恋がいい。

しかし、この安心感は彼がくれるものではありません。

たとえ彼が連絡をくれて大切にしてくれてなんでも話せるとしても、少し連絡がないだけで不安になったり、ちゃんと愛されているのかな？　と自信が持てない自分では、いつになっても安心感を感じられないのです。

彼が何かをしてくれるから安心とか、おつき合いしたから安心できるのでもなく、**実は安心感も「自分次第」**です。

自分の内側が満たされて初めて感じられるものなんですね。

ですから、不安になったときこそ自分で自分の味方をして、安心感を与えてあげましょう。

それが巡り巡って幸せな恋をかなえることにもつながるのです。

Step 3
「どうなりたい？」と問いかける

ステップ1と2で少し気持ちが落ち着いたら、次です。

「そうだね、不安になるよね」

と自分にとことん寄り添ってあげたら、「私はどうしたい？」「私はどうなりたい？」と問いかけてみましょう。

悩んだり不安になっても、最後は〝私はどうなりたいか〟と望む未来に意識を向けるのです。

ネガティブ感情は、「どうなりたいの？　どうなったら幸せ？」と自分に問いかけて、望みをオーダーするきっかけをつくってくれているんですね。

願いをかなえるために、まず初めにやることは、「望みをオーダーすること」です。

カフェに行ったら、コーヒーをオーダーするのと同じです。

オーダーは難しいことではなく、自分の心の中で「こうなる！」と決意するだけ。

私たちの脳はとてもシンプルで、「こうなる！」と意識を向けると、そうなるための情報やデータを自動的に集めるようになっています。

そこから願いをかなえるためのヒントやきっかけに出会い、行動をすることで、願いがかなっていくのです。

これが願いがかなう仕組みです。

ネガティブ感情は願いをかなえる大きなチャンス

私も不安になるたびに、

「やっぱり幸せになりたい！」

「不安になるけどその恋をかなえたい！」

「大好きな人と結婚したい！」

と自分の望みの確認を繰り返してきました。

誰でも不安になったりあせるときもあります。

だからこそ、いつでもどんなときでも大切なのは「自分はどうしたいの？」です。

ネガティブは自分の心と向き合うチャンスだと思ってください。向き合った分だけ、幸せになれますよ。

Step 4 気持ちを切り替えるための引き出しをたくさんつくる

とはいえ、ネガティブな気持ちにずっとずっと浸っているのは苦しいですよね。

ネガティブ感情を認めて寄り添ってあげたら、少しずつ自分のエネルギーを整えることに意識を向けていきましょう。

それは、決してネガティブ感情をなくすためではありません。自分を苦しい状態から救うため。大切な自分のために、意識の方向を変える選択をしてあげましょう。

ネガティブになっているときは、過ぎ去った過去やまだ起きていない未来、または、自分以外の誰かに意識が向いていることが多いのです。

ですから、意識を自分の「今この瞬間」に向けてみてください。

そのためには、「自分がどうしたら少しでも楽になって、心地よくいられるのか？」と気持ちを切り替えられる引き出しをたくさん持っておくことです。

心をふんわり温める方法

みなさんは自分の心がふんわりと温かくなる方法を知っていますか？

人によって性格や好きなものや心地よくなれるものも違うため、ホッと穏やかになれる瞬間や、心地よくなれる時間、幸せを感じることも違います。

ですから、「私はネガティブになったときにこうすると少し気持ちが楽になる」という自分なりの切り替え方法があると、よりネガティブ感情と上手につき合っていけます。

そのときの状況や自分の状態に合わせてピッタリの方法を選べるよう、多くの例をご紹介します。

◆仕事中モヤモヤしたときにできるちょっとした気分転換

・大好きなお菓子をちょこっとつまむ
・ランチにちょっと贅沢《ぜいたく》する
・お気に入りのマグカップにコーヒーを入れて、香りを感じて味わって飲む
・デスク周りの整理整頓をする
・深呼吸&伸びをする
・好きな香りのハンドクリームを塗る
・仲のよい同僚とおしゃべりする
・トイレに行ってモヤモヤを吐き出していっしょに流す

◆おうちの1人時間にできる気分転換

・気持ちが落ち着くハーブティーを飲む
・いい香りの入浴剤を入れてお風呂にゆっくり入る
・お部屋の掃除をする
・お菓子づくりやハンドメイドなどに没頭する

・ＹｏｕＴｕｂｅで笑えたり感動する動画を観る
・ちょっと高めのおつまみを買って、１人飲みをする
・ノートにモヤモヤを書き出す
・セルフネイルをする
・寝る前にキャンドルをつける

◆外でできる気分転換

・ウォーキングやランニングなどで体を動かす
・パワースポットに行ってその場の空気を感じる
・カフェで読書をする
・いつもだったら使わない道を通って、プチ冒険をする
・きれいな景色を見る
・車の中で音楽を聴いて歌う
・好きなお店巡りをする（パン屋さんや雑貨屋さんや本屋さんなど）
・美味しいものを食べに行く

「これいいな♪　やってみよう♪」と思ったものはありましたか？

実はこれは、私が運営しているオンラインサロンのメンバーさんが挙げてくださったリストの抜粋です。

みんな理想の幸せな恋をかなえたいとがんばっている中で、モヤモヤするときもあるけれど、それぞれの方法で気分転換をしながら日々を過ごしているんですね。

みんな同じようにがんばっている。そう思うだけで少し気持ちも楽になりませんか？


気持ちがふわっと軽くなる方法を知っている人には、幸せな人が多いです。「たとえ気持ちが落ちても、これで穏やかになれるから大丈夫♪」と、ネガティブになるのが怖くなくなります。

急に「ネガティブ」になってしまったら

私たちは毎日まったく同じ日常を過ごしているわけではなく、自分の体調も「今日は寝起きがいいな♪」「今日はなんだか体が重いな」など、日によって違うものですよね。

特に女性はホルモンバランスの影響も大きいですし、仕事で忙しい時期や大変なことが続いたりすると、体が疲れて元気がなくなります。

同じように、**自分の「感情」にも波がある**ものです。

昨日はいい気分でいられたのに、今日はネガティブな気持ちがあふれてくるといったような波があるのも自然です。

私も恋愛に奮闘していた頃、朝は通勤中の電車でふわっと頭に浮かんだ「こうなりたいな♡」というイメージにすごくワクワクして「絶対かなう♡」といい気分で過ごせていたのに、夜になると途端に不安が襲ってくるときもありました。

私たちはロボットではなく、たくさんの感情を持っている人間なので、気持ちのアップダウンがあるのはなんの問題もありません。

これまでたくさんの受講生さんを見てきましたが、みんな自分にすごく厳しい！

「せっかく昨日はいい気分でいられたのに、またネガティブになっちゃった」と、**自分へのダメ出しを無意識にしている人が多い**ように感じます。

ダメ出しするのがクセになっているのです。そうして無意識（潜在意識レベル）で繰り返していると、自己否定が定着してしまいます。

すると、自信が持てなくなり、恋愛に対してもどんどん臆病になっていきます。

しかし、**ダメな日は誰にでもありますし、常に素敵な自分でなんていら**

れません！

よく、「モチベーションを保つコツ」「かなうと信じ続けられるコツ」を知りたいというご質問をいただきますが、幸せな人がずっとポジティブなわけではありませんし、ずっとかなうと１００％信じ続けているわけでもありません。

大切なのは、ちょっと後ろ向きで気持ちが落ちている自分も認めて、寄り添ってあげることなのです。

私も「今日は何してても気分が上がらない！　何もしたくない！　無理！」と思うことがあります。そして、その状態を受け入れて気の向くままに過ごしたり、「今日はパワーチャージＤａｙにしよう♪」と決めて、仕事から帰ったら何もせずに、20時頃から朝まで寝てしまうこともよくありました。

ひとつでも小さくてもいいから、毎日できたことを探す

自己否定をやめるために、少しだけ意識を変えてみるのもオススメです。

「今日はここがダメだった……けど、ここはがんばったね♡」
「ネガティブになってしまった……けど、こんな幸せもあったね♡」
このように自分を肯定して終わるだけ。

できない自分を責めるのではなく、少しの「できた♡」に気づいて褒《ほ》めてあげましょう。

たとえば、「今日は掃除をしようと思っていたのにできなかった」とできなかった自分を責めてしまう人も多いと思いますが、でも逆にできたこともあるはず。

「掃除はできなかったけど……自分のために栄養のある食事をつくった」
「掃除はできなかったけど……無理せずにのんびり自分の気持ちと向き合う時間がつくれた」

など、できたことに目を向けてみましょう。
これは自分以外の誰かでは決して気づけない部分。「できた」「がんばった」と評価してあげられるのは自分しかいないのです。

自分を認めて1日を終えられると、私たちの心は少しだけ元気になります。

そして、自分が自分の一番の味方だと思えて大きな安心感にもつながります。

毎日毎日完璧にいい気分でい続けなくても、少しずつ少しずつやっていけば、必ず前進していきます。

少しダメな日が続いたくらいで、何もかもが崩れてしまうわけではありません。

少しでも肩の力を抜いて自分に温かい言葉をかけてあげてくださいね。

「思考が現実化する」のはどんなとき？

「思考は現実化する」と言いますが、瞬時に現実化するわけではありません。「風邪をひいたらどうしよう！」――そう思ったからと言って、すぐに風邪をひくわけではありませんよね（笑）。

私も昔から心配性で、小学生の頃、母の帰りが少し遅いだけで「何かあったのかな？　事故？　お腹痛くなったかな？　大丈夫かな？」といつも心配していました。仕事中の父に「お母さんがまだ帰ってこない」と電話をしたことが何度もありました。心配性の人は想像力が豊かです。

その分、ワクワクする方向への想像力も豊かで、「こうなったら最高だな♪」という未来をリアルに思い描いては、そのためにコツコツ行動し、これまでたくさんの願いもかなえてきました。

今も昔も心配してばかりですが、悪い予感が的中したことはありませんでしたし、「よかった♪」と安心することばかりでした。もし心配したことがすべて現実化してしまっていたら、大変な人生になってしまいますよね。

ネガティブ感情もフォーカスしなければ現実化しない！

現実化するのは、ふと頭をよぎったことではなく、繰り返し繰り返し思い続けていることで、潜在意識（無意識）に刻まれた思考なのです。

自分で繰り返し思い込んだこと、つまり思い込みや思考のクセはこの潜在意識に蓄積されていき、これが外側に反映されてやがて現実化していきます。

ただし、思い込みやクセを脳に刻み込むには相当な繰り返しが必要です。

ネガティブになる方も、四六時中不安なわけではなく、ふとしたときにイヤな妄想やイメージがわいてくる程度のはずです。

「こうなったらイヤだな」「こうならなきゃいいな」と頭によぎったぐらいでは、よくも悪くも潜在意識に刻まれたりはしません。

それなのに、「ネガティブになってしまった！　現実化してしまうから早く消さなきゃ！」とすると、脳がネガティブ感情にフォーカスされて、かえってネガティブに考えている時間が増えていくのです。

ですので、「ネガティブ感情が出てくるのは自然だよね」と認めてしまったほうが、脳がネガティブ感情にフォーカスしなくなります。結果的に、ネガティブでいる時間が減っていき、それが現実化することもなくなります。

心配事が現実になる確率はたった４％！

私は特に、復縁を願っているときにはいつも不安と隣り合わせの時期がありました。

「なかなかＬＩＮＥに既読がつかないな」
「もしかしたら今、他の女性といっしょなのかも」
「かなわなかったらどうしよう」

そんな不安でいっぱいのときに出会ったのが、この言葉でした。

〝心配事の80%は起こらないとされていて、そのほとんどが勝手な思い込みや妄想である〟

これは、アメリカのミシガン大学で行われた研究結果で、さらに残りの20%のうち、16%はあらかじめ準備していれば、心配していたことに至らず解決できるものだそう。つまり、**心配事が現実になる確率は全体のたった4%な**のです。

確かに、恋愛に限らず過去の自分の経験と照らし合わせてみたら、「取り越し苦労だった～」と安心したことばかりだと気づきました。

・「仕事でちょっとミスしちゃったけど大丈夫かな?」
↓たいしたミスではなかった。
・「明日の大事なデート、ドタキャンされちゃったらどうしよう」

↓デートは無事済んだ。

・「友だちとケンカしちゃった。もう口もきいてくれないかも」
↓謝ったら快く許してくれた！


些細《ささい》なことから大きなことまで、このような不安や心配を日々抱えているものですが、私は結局は大丈夫だった経験が多かったです。

みなさんも実際に不安が的中した確率はどのくらいだったかな？　と振り返ってみてください。


私もかなえたい気持ちが大きければ大きいほど、いろいろ考えて心配が大きくなっていたことがありました。そんなときは気持ちに寄り添って、

「不安や心配事の96％は実現しないから大丈夫♪」「結局、心配しすぎだった！と安心することになるんだよね♪」

と自分に声をかけてあげていました。

不安になることは尽きないけれど、96%は実現しない。

ならば実現しない不安にエネルギーを注ぐよりも、これからの未来にどうなっていきたいのかを考えたほうが、今を幸せに過ごせますよね。

Chapter 4

恋愛の不安
2トップ
「LINE」&「SNS」

彼から返信が来ない！

どこにいても、誰かとつながれるＬＩＮＥやＳＮＳ。気になる人や好きな人と会えない時間があっても、簡単にやりとりができるツールはとっても便利だし、幸せなことですよね。

しかし、相手がメッセージを読んだかどうかがわかったり、いっしょにいないのにどういうふうに過ごしていたかも知ることができるため、逆に一喜一憂して苦しい思いをする方も多いのではないでしょうか。

私に相談に来られる受講生さんたちも、ＬＩＮＥやＳＮＳで悩んでいる方が多いです。

中でも「ＬＩＮＥが返ってこない問題」はお悩みNo.1と言っても過言ではありません。

彼から連絡がないと、

「迷惑だったかな？」

「忙しかったかな？」

「なんか変なこと言っちゃったかな？」

「もしかして嫌いになった⁉」

なんてあらゆる妄想をして落ち込んでしまう。さらに不安がふくらんで、

「ごめん、変なこと言っちゃったよね」

「迷惑だったら返信はいいからね」

と、追いＬＩＮＥを送って自爆してしまった……というご相談もいただくことがあります。


こうなると、「やっぱり私はダメなんだ」と落ち込んでしまいそうになりますが、好きな人から返事がなかなか来ないときはやっぱり気になるもの。不安になったり心配になるのは当たり前です。

まずは、一生懸命恋をしている自分を認めてあげましょう。

「あ〜……連絡がない」
「今何しているんだろう」
「誰かといっしょにいるのかな」
「むしろ、忘れられたのかも」

頭の中が彼でいっぱいになってしまっていたとしても、まずはその気持ちに寄り添ってください。

「それだけ好きな人がいるって素敵なことだね」
「それくらい彼との恋に一生懸命なんだな」

と少し客観的に自分を見て、温かい声をかけましょう。

脳はとてもシンプルで、「考えないようにしよう！」「彼を忘れよう！」と思えば思うほど、「彼」が頭から離れなくなります。

ですので、「もうしょうがない♪」と、いい意味で開き直るイメージです。

「既読」や「未読」についての考え方は、人によってさまざまです。

「既読をつけたのが『読んだよ』ってサインだと考えている人もいま

すし、「ゆっくり考えてから落ち着いたときに返事をしたい」と落ち着くまで未読にしておく人もいます。

「既読がついたのに返事が来ない……脈なしかな」と思っていても、彼はもしかしたら「大切な人だからこそゆっくり考えてから返事をしよう」と思っているかもしれません。

女性の思い込みと実際の男性の行動は違う！

そもそも男性は女性と脳のつくりが違い、女性ほど器用ではありません。

「〝普通〟仕事帰りの電車で返事できるでしょ？」

「好きなら連絡するのが〝普通〟だよね？」

それは女性の思い込みであって、男性にとって〝普通〟とはかぎりません。

女性はいろんなことを器用に同時進行できる方が多いです。たとえば、お仕事をしながら、「来週のデートで何を着ていこうかな」などと考えられちゃいますよね。

しかし男性は2つのことを同時にこなすのは苦手な人が多いです。仕事に必死なときは、恋愛やＬＩＮＥにまで気持ちが向かなかったりするのです。

ですから、女性が「連絡ないな」と不安に感じているとき、男性は、まさか女性が不安だなんて思ってもいないのです！

男性にとって、ＬＩＮＥは単なる「連絡ツール」。ＬＩＮＥでコミュニケーションを取るのも苦手な人が多いです。

対して女性にとって、ＬＩＮＥは「コミュニケーションツール」。会話を楽しむ、感情を共有したい気持ちが男性に比べて大きいので、ＬＩＮＥの頻度や内容の濃さに温度差を感じて、悩みに発展してしまいます。

私が過去、おつき合いしていた男性に、私が「今日ここに行ったよ～♪」とＬＩＮＥをしても「じゃあ今度話聞かせてね！」と返信されることが少なくありませんでした。

男性はＬＩＮＥでのやりとりにそんなに重きを置いていません。その分、リアルでのコミュニケーションを大事にしているのです。

もちろん日々のたわいもない話ができたらうれしいけれど、それがなくても、「嫌われている」「好意がない」というわけではありません。

「会ったときにいろいろ楽しく話そう♡」と思えたら、次に会うのが楽しみになりますよね。

「１人でも幸せ」になる方法

私は**会えない時間こそ、恋を育《はぐく》む**と思っています。

会えない期間に「寂しいからつながっていたい」「不安だから連絡がほしい」と毎日苦しくなってしまったら、きっと２人になっても寂しさや不安が心の根底に居座ってしまいます。

彼に寂しさを埋めてほしい！　不安にさせないでほしい！　と求めてばかりになると、その恋はバランスを崩してしまいます。

彼と会っていない1人の時間に、「楽しい♡幸せ♡」を創り出せる人は、2人になったときも自分や相手に「楽しい♡幸せ♡」を与えられるのです。

「1人でも幸せ！　彼といるともーっと幸せ♡」という状態になると、自分の内側はどんどん輝き出し、気づくと彼からたっぷり愛されるようになります。

たとえば、

・楽しめる趣味を見つける
・気になっていたカフェに行く
・セルフネイルで気分転換
・新しい料理に挑戦する
・ヘアケアやスキンケアに力を入れる
・お気に入りのカフェで読書をする
・行きたい場所に行く
・お部屋の模様替えをして快適な空間をつくる

など、「これがしたい」「こんなふうに過ごしたい」という自分の声を聞いて、今できる範囲でかなえてあげましょう。
小さな幸せを積み重ねると、そのエネルギーに引き寄せられ、大きな幸せが舞い込んでくるのです。

LINEの返信と自分の価値を結び付けない

LINEの返事がないと「私のこと、なんとも思っていないのかも……」と、LINEの有無と自分の価値をくっつけて考えてしまう人が多いようです。

ですが、自然体で幸せな恋をかなえている人は、LINEの有無と彼の愛情の大きさをイコールにはしていません。

あなたはこんな自分ルールをつくっていませんか？

LINEが来る＝私に興味がある
LINEが来ない＝私に興味がない

「ＬＩＮＥが来ない……あ～彼は私になんて興味ないんだな」というルールをつくっていると、私は連絡をもらう価値がない、好きになってもらえない、と知らず知らずのうちに自分の価値を下げてしまいます。

どんどん自信がなくなり、恋に臆病になってしまいます。

以前の私は、彼からのＬＩＮＥで自分の価値がゆれ動いていました。

ＬＩＮＥが来ると「私のこと考えてくれたんだ♡」と安心し、ＬＩＮＥが来ないと「私のこと好きじゃないんだ」「私ってその程度なんだな」と解釈していました。

目の前に起きている事実は、〝彼からＬＩＮＥが来ていない〟ということです。

〝ＬＩＮＥが来ないから私に興味がない〟は事実ではなく、自分でくっつけた「解釈」なのです。

なのに、「興味がない」と脳で自動処理してしまっていたのは、自分で自分の価値を信じられていなかったからなんですね。

「起きた出来事＝あなたの価値」ではない！

目の前に起きた出来事と、自分の価値はイコールではありません。何が起きたとしても**自分の価値は変わりません。**

それに気づいてからは、私は自分の価値を上げるためにとことん自分を大切に扱いました。

自分の声をたくさん聞く。自分を丁寧に扱う。小さなことでも自分を褒めてあげる。

そうして少しずつ自分を認められるようになり、**彼からＬＩＮＥが来ても来なくても、私の価値は変わらない**という新しい自分ルールができてきました。

もちろん彼からＬＩＮＥが来たらすごくうれしい気持ちは変わりません。けれど、ＬＩＮＥが来なくても自分の価値は変わらないと思えているので、「仕事が忙しいのかも。じゃあ今日は録りためたテレビドラマを観て早めに寝よう♪」

と、穏やかに過ごせるようになったのです。

ＬＩＮＥへの執着が減り、日々を穏やかに過ごせるようになった頃、気づくと彼からのＬＩＮＥがマメに来るようになっていました。あんなに「ほしいほしい！」と思っていた頃はなかなか来なかったのに……。

「物事は空いたスペースに入ってくる」と聞いたことはありますか？

潜在意識や脳の世界でも、スペースがあるところは埋めたくなるという法則が存在しています。

「ほしいほしい！」と必死になっていると心にスペースがなく、なかなか入ってきませんが、心に余裕があるとエネルギーが循環し、ふとしたときに入ってくるのです。

ＬＩＮＥが来ないな……と不安になる気持ちは決してダメではありませんが、自分ルールで彼の気持ちを決めつけてしまうのはもったいないですし、彼にも失礼になってしまいます。

もっともっと、自分と自分が好きになった彼を信じましょう。

自分で自分に価値があると信じていれば、大好きな彼もあなたを価値ある存在として扱ってくれます。まずは自分の価値を認めてあげて、心地よくない自分ルールを見直してみましょう。

スマホを握りしめて眠らない

過去の私は、彼からの連絡や既読の有無、そして彼の反応に心はグラグラでした。

連絡を待っている間、ずっとそわそわしてテレビドラマを観ていてもどこか上の空。肌身離さずトイレまでスマホを持って移動したり、スマホを握りしめて眠る日もよくありました。朝起きてすぐスマホを見て「連絡ないな……」と悲しくなったりも……。

LINEという連絡手段にかなり依存していたと思います。

連絡が来たら、モヤモヤが一瞬にして晴れて、飛び上がっちゃうほどうれしい♡けれど、連絡が遅いと涙が出るほど不安になる。完全に自分の心が彼の反応に振り回されて疲れていました。

このように、自分の気分や時間のすべてを、彼との関係にゆだねていると不安になります。

待つ時間を幸せに過ごす方法

彼からの連絡を待つ時間を、不安いっぱいで過ごすのか、不安もあるけれど、少し意識を違うところに向けるのかで、未来が変わってきます。

ですので、連絡を待って不安や余計な妄想をしてしまう時間やエネルギーを少しだけ自分に向けてあげましょう。

「やりたいことに集中していたらお返事が来ていた！」というのも私は何度も受講生さんから聞いてきましたし、私自身も経験しました。

・自分の好きなことをとことんやってみる
・気分転換に近所を散歩してみる
・お部屋の掃除をしてみる
・今週末に出かける場所のリサーチをしてみる

実際、ＹＵＫＡは物作り（お料理、お菓子作り、フラワーアレンジメント、アクセサリー作り）をして、れいたまはストレッチ、お散歩、ヨガ、スポーツなど体を動かして、スマホではないところに意識を向ける工夫をしていました。

そうやって少しでも気持ちが楽になると、心のスペースに入ってくるように彼からのお返事が来たりするのです。


以前セッションでお話しさせてもらった方が、

「連絡を待つ間、ＹＵＫＡさんとれいたまさんのブログの記事をさかのぼって読み返すんです。かなり記事がたくさんあるから時間もかかるし、集中できるし、勇気も出てくるから、私にはベストな自分時間の過ごし方です。そうするといつも彼から連絡が返ってくるんですよ〜♡」

と言ってくださって、とってもうれしかったのを覚えています。

そしてその方は、復縁されました。

「私のブログを読んでね！」というわけでは決してありません（笑）。みなさん、好きなもの、楽しいこと、夢中になれることはそれぞれ違いますよね。

連絡を待っている間は、自分のための大切な時間――そうとらえて、自分なりの連絡を待つ時間の過ごし方をぜひ見つけてみてください。

彼のことをさっぱり忘れる必要はありません。

彼が気になるけど、今どうしたら少しでも心地よくなれるかな？

連絡がなくて気が気じゃないけど、今どうしたら少しでも楽になれるかな？

そうしていれば、きっと心地よい幸せな状況が引き寄せられてきますよ。

幸せなLINEのコツは2つ

顔が見えない文字のやりとりで、お互いの勘違いで関係がぎくしゃくしてしまった経験がある方もいらっしゃるのではないでしょうか。

女性は、絵文字やかわいいスタンプを使いながら、自分の表情や気持ちを表現するのが上手な人が多いですよね。

しかし男性は、絵文字でも「！」だけの人も多いです。その印象から女性は「なんだか冷たいな」「私とやりとりしたくないのかな」と受け取って、悩みがちです。

基本的には、彼の表情を見て声を聞いて、五感を使いながらコミュニケーションをとるのが一番です。しかしＬＩＮＥやＳＮＳは会えない時間に心の距離を縮められるメリットもあります。

ＬＩＮＥやＳＮＳに振り回されるのではなく、離れていてもつながれることに「ありがたいな」「幸せだな」と感謝できるくらいの余裕が持てたら、ＬＩＮＥやＳＮＳとも心地よい距離感でつき合っていけるはずです。

ＬＩＮＥに大事な「マインド」とは

「気になる彼にＬＩＮＥを送るときに気をつけたほうがいいことはありますか？」というご相談も多くいただきます。しかし、普段私は恋愛テクニックについてのアドバイスはほとんどしていません。

恋愛テクニックは、恋愛心理学や脳科学に基づいて男女の違いをうまく利用したものもありますから、テクニックを使うのは悪いことではありません。ただしこれらに頼りたくなるのは、どうしても相手を自分の思い通りにコントロールしたい気持ちが強いときです。そういう気持ちって、不思議と相手に伝わってしまうものなんですね。

ですので、私がＬＩＮＥで気をつけたほうがいいポイントとしてお伝えしているのは、自分の「マインド」の部分です。大きく分けて２つあります。

◆ポイント❶　自分のエネルギーの状態を確認しよう

恋愛は相手がいるもので、お互いにエネルギーを交換し合うことです。

彼にＬＩＮＥをするときにも、**〝エネルギーを交換する〟**ことを意識してみてください。

電波はまさにエネルギーです。ＬＩＮＥを送るときは、内容だけではなく、自分がどんなエネルギーを乗せて送ろうとしているのかが大切なポイントです。

たとえば、寂しいから、忘れられたくないから、不安でつながっていたいから、といった**「不足」からの行動はエネルギーが重くなります。**

どんなに完璧な文章で送ったとしても、電波を通して重いエネルギーも相手に伝わってしまうんですね。いわゆる「重い女」になってしまいます。

そして、そういうときには物事をネガティブにとらえてしまいがちです。

ＬＩＮＥが返ってこないと「やっぱり私なんて」と落ち込んでしまい、ＬＩＮＥが返ってきたとしても「今出かけているんだ♪」と言われたら、「他の人とデートなのかも」とネガティブな方向にとらえてしまうものなのです。

自分のエネルギーが重くなっていると感じたら、彼にＬＩＮＥをする前に一度スマホを置いて自分のための時間をつくりましょう。

ゆっくりお風呂に入る。好きな音楽を聴いて気分転換をする。おいしいものを食べる……。

こうして自分の心が少しでも満たされて軽やかになったら、彼にアクションを起こすかどうか考えるのがオススメです。

また、恋愛マニュアルにとらわれてＬＩＮＥを送る内容を考えすぎてしまっているときも、一度立ち止まってほしいタイミングです。

「こう言ったほうが好かれるかな」

「どう言えば好感度が上がるかな」

「こう言ったほうが返事が来るかな」

と、そればかりに頭を使ってＬＩＮＥをしようとしているとき、自分のエネルギーはどういう状態なのかを考えてみてください。

ワクワクしながら送る内容を考えられているならいいですが、彼をコントロールしようという気持ちが強くなりすぎると、重いエネルギーが乗ってしまいますし、何より自分が楽しくないはずです。

好きな人と連絡を取るのは、本来とても幸せで、ドキドキワクワクする行動ですよね。しかしどこか苦しく、彼に連絡するのが怖いと思ったら、「彼とどんな話がしたいのかな？」とマニュアルではなく自分の声を聞いてみましょう。

彼にLINEをするときには、軽やかに。大好きな人にはあったかいエネルギーを送りましょう。

◆ポイント❷ LINEだけですぐに結果を出そうとしない

ＬＩＮＥを送るとき、「この1通でなんとか決めないと!!」と綿密に送る時間や内容を考えて、そこに全精力を注ぎ込んでいる人が多いように感じます。

しかし、あくまでＬＩＮＥは恋愛を進めるうえでの「サブ」ツール。2人でつくり上げていく幸せな恋愛の過程のひとつにすぎないのです。

実際に彼と同棲したり結婚していっしょにいる時間が長くなると、ＬＩＮＥはほとんどしなくなるものです。

ですから、ＬＩＮＥにあまり価値を置きすぎないでください。

仮にたとえ1通送ったものがタイミングが悪かったとしても、失敗だったなと思ったようなＬＩＮＥを送ってしまったとしても、ご縁のある人とはベストタイミングでつながります。

幸せな恋愛をしている女性は、LINEのやりとりですべてを決めようと思いません。だからこそ、重いエネルギーにならず、軽やかに恋愛を育てていけるのです。

彼のＳＮＳをどうしても見てしまうとき

連絡がない彼が、ＳＮＳにはログインしていた。

ＬＩＮＥは既読スルーなのに、ＳＮＳを見たら他の人の投稿にコメントしていた。

彼の投稿に女性の影があった……。

「いいことはない」とわかっているのに、彼のＳＮＳを見てしまって「やっぱり見なければよかった〜」と落ち込んだ経験がある方もいると思います。

しかし、「チェックするのなんてもうやめなきゃ！」と思えば思うほど、気になるものなんですね。「やめなきゃ！」と思うと、脳の性質上、余計に考えてしまうのです。

さらに、やめられない自分に対して「またやってる私はダメだ」と否定してしまうと、どんどん苦しくなってしまうのです。

彼のＳＮＳが気になってしまうとき、自分の心の中にどんな思いが隠されていると思いますか？

「不安だから」「安心したいから」――そんな場合が多いのではないでしょうか。

そうすると、なんとか自分の不安を癒そうと外側から安心感を得ようとする。

それがＳＮＳをチェックする行動につながっているのです。

ＳＮＳチェックはあなたにとって心地よい？

しかし、いくら外側で安心感を得ても、その安心感は一時のもので、またすぐに不安に戻ってしまいます。

自分の心の不安には、「自分」で気づき寄り添うと、安心感に変わるのです。

なので、まずは、「彼のことがどうしても気になるんだな」「見たいときに見たらいいよ」「今はそういうときなんだな」と自分の気持ちをまるごと受け入れてしまいましょう。

また、ＳＮＳチェックをずっとやり続けると飽きるときが来ます。どれくらい好きな食べ物でも毎日食べていると飽きるのと同じ。それが自分にとって心地よくないことならなおさらです。

だから、大切な自分が「心地よい♡」「幸せ♡」と思う選択を日常の中でしていきましょう。

日常は選択の連続です。朝ごはんは何を食べる？　何を着て出かける？　何を飲んで仕事をする？　帰ったら何をして過ごす？

１日の中にあふれている選択を「自分はどっちを選んだら心地よいかな？　幸せかな？」と問いかけて過ごしてみてください。

ＳＮＳを見てイヤな気持ちになるのは、大切な自分のための行動ではありませんよね。自分が苦しくなることを選択してしまっているわけですから。

日常の中で、自分のために心地よくなることをしていると、自分にとって心地よくないこと（彼のＳＮＳチェックなど）をわざわざするのがイヤになってきます。そうすると、自然とやめられるタイミングが来るもの。

そのうえで、「今どうしたい？」「大切な自分のためにどんなふうに過ごしたいかな？」と、エネルギーをＳＮＳでなく自分に向けましょう。

友だちのＳＮＳをうらやましいと思ったら

ＳＮＳは、周りと比較をして落ち込んでしまう要素になりがちです。

「ずっと恋に悩んでいた後輩の結婚報告を見て落ち込んだ」

「周りの友だちは子育てを楽しんでいて取り残された気がする」

そんな声もよく耳にします。


私はＳＮＳを、その人の一番キラキラした部分だけを切り取っているバーチャルの世界だと思っています。

人間には誰でも陰と陽があるものです。悩みがなくキラキラしているように見える人も、実は見えないところで悩んでいるかもしれません。

自分の〝影〟と周りの人の〝光〟を比較して「私は……」とジャッジするのはとってももったいない！

人と比較することをマイナスに考えるのではなく、どうせなら、「自分がどうなりたいのかを再確認できた♡」とプラスの方向に向けるのです。

「うらやましい！」と感じるのは「私もそうなりたい！」から。要は自分の心からの願いが隠されているのですね。

友だちの結婚報告を見て「いいな〜〜〜。私も早く結婚したいのに。うらやましい」と思いますよね。しかし、外を飛んでいる鳥を見て「いいな〜〜〜！私も空を飛びたいのに！」なんて切実に思ったりしないと思います（笑）。なれないと思っていることに対しては、そこまでうらやましい感情は出てきません。うらやましいと感じたら、「自分の望みが明確になった♡」ととらえてみましょう。

ＬＩＮＥやＳＮＳに振り回されて恋を楽しめない人が多いように思いますが、

ＬＩＮＥやＳＮＳは恋を難しくするため、困らせるためにあるわけではありません。

日々をもっともっと楽しむため、便利にするためにあるもの。苦しくなっているなと感じたら、本来の使い方とズレてしまっています。

まず苦しくなっている自分に気づいて、スマホを自分のそばから少し離してあげる。そしておいしいスイーツやドリンクを用意して好きなテレビドラマや映画を観て幸せな時間を過ごしましょう。

Chapter 5

恋が
うまくいく人の
考え方

〝幸せ脳〟を持っている人はうまくいく

仕事や人間関係、恋愛、日々の出来事等、よいこともあれば、一見よくないことも起こります。

それらの物事すべてをできるだけよい面から見られれば、自分の心をよい状態に整えていけます。

私はこれができる脳を〝幸せ脳〟と呼んでいます。


何かが起きたとき、人は「よい／悪い」「幸せ／不幸せ」などとその物事を意味付けします。しかし本来、起きる物事に意味はないはずです。

たとえば、大切な日に雨が降ったとき、「髪が崩れちゃうし最悪……」と思う人もいますし、「かわいい傘をさしていこう」と前向きにとらえる人もいます。

雨が降っているという出来事は同じですが、とらえ方次第で気分は大きく変わるのです。

物事のどの側面を見るかは、自由に選べるのです。

だったら、できるだけ自分にとって心地よいとらえ方（幸せ脳）ができたら、何より自分が楽になると思いませんか？

「イライラ視点」だと脳がイライラを集めてしまう！

よく、「YUKAさんとれいたまさんでも、イヤなことが起きたりするんですか？」と聞かれますが、普通にあります（笑）。きっと平均くらいには、イヤだなと感じる出来事も起きています。

けれど、そんなとき、自分にとって心地よいとらえ方を選択して、イヤなことにそこまでフォーカスしないような工夫をしています。

これを知る前の私は、幸せ脳ではなかったので「ツイてない！」と思ってばかりで、負の連鎖に入ることもよくありました。

朝から雨で電車が遅れていてイライラ！　職場まで歩いているとパンプスのヒールが折れて「あーーー！　最悪だ！」とイライラ！　仕事中にも上司に理不尽なことで怒られてイライラ！　寝るまでイライラした1日を過ごしました。

しかし、幸せ脳で生きるようになった今だからわかるのですが、実はその1日も普段とそんなに変わらない1日だったのです。

その日の私が、朝、雨が降っていたからと、「イライラ視点」で物事を見はじめたので、普段と変わらない1日の中から脳が率先して〝イライラすること〟を探しはじめたわけです。

「花柄のワンピースがほしいなぁ♡」と思っていると、街中で花柄のワンピースを着ている人が目についたりしますよね。

そう、脳はとってもシンプルなのです！

イライラ視点で見ていると、イヤなことばかりが目につくようになり、逆にハッピーなことが目につかなくなっています。ランチしたお店の店員さんがとっても素敵な笑顔で接客してくれたり、帰り道にきれいな月が見えたなど、小さな幸せもあったとしても、気づかずにスルーしてしまうんです。

ですから、よい出来事と悪い出来事が起きている数は実際は同じだとしても、フォーカスする部分を変えるだけで、同じ日常も全然違うものになります。

幸せ脳は、物事を無理にポジティブにとらえるわけではありません。ただ、少しでもよい面から見るクセをつけていくと、毎日がもっともっと生きやすくなり、心地よい時間が増えていきます。

大切な自分のためにできる行動のひとつなのです。

幸せ脳のつくり方

では、どうしたら幸せ脳で過ごせるかと言うと、「普段の日常の中でとらえ方の練習をする」だけです。

とらえ方は思考のクセなので、繰り返し練習すると、自然と心地よいとらえ方ができるようになります。1日の中でとらえ方を練習するチャンスは何回もあります。

たとえば、

・友達との約束がキャンセルになってしまった

↓残念だけど最近疲れてたし、1人でのんびりする時間にしよう。

・ほしかったワンピースが売り切れていた

↓もっと素敵なワンピースとの出会いがあるってことかも。

・今日は朝イチから会議で憂鬱だな……

↓会議が終わった後の自分へのご褒美は何にしよう？

などなど。

もし仕事でミスをしてしまったというときも、とらえ方を練習するチャンスです！「私ってダメだな……」といつもだったら自分を否定して終わっていたことも、「他にどんなとらえ方ができるだろう？」と考えてみましょう。

フォローしてくれる同僚がいて「幸せだな」と心地よくとらえれば、「ミスして最悪だ……」と終わっていた1日が、同僚のありがたみに気づいた幸せな

1日になりますよね。

朝起きたら、まずは「幸せ宣言」を！

先に述べたように、私たちの脳は自分が見ようとしたものが見えるようになっています。

日々の生活の中で、自分がどんなものを見て過ごすかは、自分で選択できるのです。

特にオススメなのは、朝起きたとき、「今日は〝幸せ〟を探す1日にしよう♪」——そう宣言して1日をスタートすることです。

「いいお天気で青空がきれい！　幸せだな♡」

「ゆっくりランチができて幸せ♡」

と、いつもは気づかない小さな幸せに気づけるかもしれません。

幸せ脳を持っていると、もちろん恋愛も楽しく幸せなものになります。

彼のしてくれたことに感謝でき、ないものではなくあるものを見て「愛されてる♡」と受け取れる。心地よいとらえ方をして自分がご機嫌でいれば、いっしょにいる彼も居心地がよくなる。

彼も居心地のよいところにはずっといたくなるし、相手をもっと幸せにしたいと思うものなのです。ちょっとした意識の持ち方を変えると愛される恋は一歩近づきますよ。

楽しみながら毎日を少しでも軽やかにしていく工夫をしてみてくださいね！

ケース別・うまくいく人の物事のとらえ方

思い返してみると、周りにいるキラキラ輝いているような人、何事もうまくいっている人、幸せに囲まれて過ごしているような人は、とらえ方上手な人が多いです。幸せ脳になっていると、見える世界が変わり、行動が変わり、結果も変わっていくからです。

自分にとっての心地よい選択は、自分を大切にすることにもつながります。

何か起きたときにすぐに自分にダメ出しをしたり、もっとがんばらなきゃ！と自分を追い込んでいませんか？　少し客観的に物事を見て、優しい視点でとらえてあげるのも大切です。


ここからは、よくいただくご相談を例に、どんなふうに物事をとらえていくと心地よくなれるのかご紹介していきます。

Case1 イライラしてしまったとき

ある受講生さんから、

「せっかく朝からいい気分になれていたのに、仕事に行ったらイライラしてしまって……。こんな小さなことでイライラした私、最低だな……と落ち込んでしまいました」

という相談がありました。

何度もお話ししてきましたが、イライラするのは決してダメではありません！　そのときの自分が感じた素直な感情のひとつですから。そして、理由なくイライラしているわけでないはずです。

「そんなこと言われたらイライラしちゃうよね」「あんなことされたらムカっとしちゃうよね」と、その気持ちをまずは自分で受け入れてあげましょう。

人は陰と陽があるからバランスが保たれています。**イライラしたり落ち込んだりもして、自分が成り立っているのです。**その感情を無理やり抑え込んだり、感じないようにする必要はありません。

イライラしやすいときや、悩みやすいときは「がんばりすぎだよ〜♪」のサインなのかもしれません。

ネガティブ感情は、自分のために大切なメッセージですから、

「なんのサインかな？」

「どんなメッセージを与えてくれているんだろう？」

と自分と向き合えば、今の自分に必要なものが見えてくるかもしれません。

自分を甘やかすことも大事♡

女性はがんばり屋さんが多いので、気づかないうちに心も体も疲れてしまっていませんか？

・周りの人の分まで仕事をがんばる
・本当は帰りたいけれど、大変なのはみんないっしょだからと残業して仕事を終わらせる
・週末も予定を入れて自分磨き！

こんなふうに心も体も疲れて、心に余裕がなくなると、なにげないことでイライラしてしまったり、ふと1人になったときに落ち込んでしまったりします。

「こんなことでイライラしたらダメ！」「またイライラしてしまった……」と自分に厳しくするのではなく、自分へたっぷりの愛を与えてあげましょう。

・今日はリラックスする日にしよう♪　と決めて、ゴロゴロする
・食べたい！　と思っていたものを食べる
・美容院やマッサージに行ってリフレッシュする

こんなふうに自分のために時間を使ってみると、心も体も少しずつ元気になり、自然と外側の出来事に対して、優しい目で見られるようになりますよ。

自分に余裕のある状態でいると、恋愛に対しても前向きになります。

彼とのやりとりの中で、彼のしてくれたことや優しさを素直にキャッチできるようになったり、心の余裕から、ふとやってみようと思った婚活アプリで素敵な出会いがあった！　という方もいらっしゃいます。

自分の心と体が元気でないと、ついマイナス面を見てしまいますし、行動をするパワーもわいてきませんよね。**自分の状態が整っていると、恋愛を楽しめることにもつながるのです。**

Case2 生理前に気持ちが不安定になってしまうとき

生理前や生理中は、ホルモンバランスの変化によって気持ちが不安定になりやすく、恋愛でも急にネガティブな気持ちがあふれ出すこともあります。

自分の体が大きく変化している時期は、気持ちもゆさぶられてしまうものなのです。

私も以前はＰＭＳ（月経前症候群）による気分の落ち込みに悩んだりしましたが、今は上手につき合えるようになり、悩まなくなりました。

私の場合はまず、この期間はホルモンバランスの影響で不安になるのは自然なことなんだ、と受け入れることからはじめました。

そして、ネガティブな気持ちが出てきたとしても「そういう時期だから仕方ないよね」「今はネガティブ感情が出てくるときなんだ」と寄り添うようにしています。

そして、生理前と生理中の期間は〝最上級に自分を労わる〟という自分ルールをつくりました。

・眠気が強く出たら、何もせずに早めに寝る
・ダイエットは休憩して、食べたいと思ったものを食べる
・無理せずにのんびり過ごす
・やりたいことだけをやる

このように、自分に優しく、自分を丁寧に扱ってあげる期間にしてからは、生理が来るのをイヤだな……と思わなくなり、生理前や生理中のモヤモヤと上手につき合っていけるようになりました。

他にも、イベント前など気持ちが億劫になりがちな時期は、とらえ方を変えて、自分が心地よく過ごせる工夫をしてみましょう。

Case3 思いもよらないことが起きたとき

何かモヤモヤしたり、予期せぬことが起きたとき。私は「お!! 試されているな♪」ととらえ、ちょっとしたゲーム感覚のように楽しんで思考修正をしています。

あるとき、オンラインセミナーを開催するためにレンタルスペースを予約していました。しかし、開催前日の23時頃、突然「緊急事態宣言によりスペースをお貸出しできなくなりました」というメールが届いたんです!

「え!? もう23時だしどうしよう……」と思いましたが、こんなときこそ思考修正(幸せ脳)の練習です。

「ここから私がどういう思考を選択するか試されているんだな」ととらえ、「さっと、もっと素敵な場所があるってことだ♪」とパソコンを開いたときに、ふと思い出したのがホテルのデイユースでした。コロナ禍でリモートワークでの需要が増え、ハイクラスホテルの一室をリモートで使えるプランが増えていたのです。

すぐに条件にぴったりな部屋が見つかり、エネルギーの高い素敵な場所からセミナーを開催できました。

「結果的にキャンセルになってよかった！」と喜んだのを覚えています。

幸せ脳の人は、原因より解決策に目を向ける

たとえ日々を幸せに過ごしていたとしても、「おや？」と思うようなことが起こります。それに対して、「私の何がいけなかったの!?」「なぜこんなことが私の身に起こったの!?」と、自分に原因があると思い込んでしまう人も多いと思います。

しかし、生きている中では予期せぬ出来事が誰にでも起きるもの。

「どうしてそうなってしまったのか」と原因を探すよりも、「これからどうしていこうか」と考えられると、その出来事をチャンスに変えられる

のです。それは恋愛でも同じです。

後悔している過去は幸せな未来へつながる

「あのとき、彼にこうしていれば……」

「なんであんなことを言ってしまったんだろう……」

そう後悔して自分を否定してしまうときがあります。それが原因で、なかなか前に進めない人もいますよね。


しかし、**どんな過去の出来事も、すべて自分のために必要だったこと**。

その選択が成功だったのか、失敗だったのかなんて誰にもわかりません。もし、過去に他の選択をしたらどうなっていたかなんて確かめられないのです。

ひとつ確かなのは、あなたがそのとき精一杯の選択をした点です。

今だからこそ「なぜ」と後悔してしまいますが、過去の自分ががんばった末の選択だったはず。

ですから、成功か失敗かではなく、そこに光を当てましょう。

過去を否定せず、「がんばったね」「精一杯の選択だったんだよね」と自分に寄り添って、認めてあげてくださいね。

過去は幸せな未来にいっさい関係ない

つらい過去、悲しい過去、傷ついた経験、傷つけてしまった経験……そういう経験がない人なんていません。

そういう過去があったから、得たことや成長できたこともたくさんありますよね。だからこそ、心の痛みを知って強く優しくなれるのです。

「あのときこうしていれば……」と後悔するのは、「今ならこうできるのに」と思えているからこそ。裏を返せば、それくらい今は成長できていて、今度は幸せな恋愛ができる自分になれているのです。

過去への後悔を、「今の自分なら今度はもっと素敵な恋愛ができる」と未来へのエネルギーに変えていきましょう。

これまで、幸せになっていくたくさんの女性を見てきて感じるのは、過去はいっさい関係ないということです。

- 婚約破棄で大きな失恋を経験したけれど、最高に幸せな結婚をかなえた人
- 大ゲンカをして別れてしまったけれど、復縁した人
- 想いを伝えられず離れてしまったけれど、再会しておつき合いすることになった人

過去につらい経験や後悔がある方も、幸せになっているのです。

過去を後悔していると、つい未来もうまくいかないと思ってしまいがちです。

けれども、どんなにがんばっても過去は変えられませんが、未来は変えられます。

すべての出来事は、神様からのプレゼント。私たちがこれから幸せになっていくためのヒントを与えてくれています。過去の経験を幸せな未来に活かすことが大切です。

自分次第で、いつからでもどこからでも幸せになれる

ある受講生の方は、過去に離婚を経験し、その後つき合った人とも理想の恋愛ではなく悩んでいました。

そんなとき、私のブログを見てくださり、「相手のことばかり考えてきて、自分のことはいつでも後回し。だから大切にされなかったんですね。自分を大切にすると相手からも大切にされるなんて目からウロコでした！」とお話しされていました。

それから講座を受講して、自分を大切にすることを実践し、少しずつ「私ももっともっと愛されていい」「大切にされていい存在なんだ」と内面が変わっていきました。

その後彼女は、自分を大切にしてくれる素敵な男性と出会い、結婚して、今はお腹に赤ちゃんがいます。

過去に「どんなことがあったか」ではなく、「過去の出来事にどんなヒントがあって、これからはどうしたいと思っているのか」に意識を向けてみましょう。

過去にどれだけうまくいかなかったとしても、自分次第でいつからでも幸せになれるのです。

つらい経験をした過去の自分の分まで、幸せになりましょう。

私たちには必要なことしか起きない

「まだ起きていない未来のことを心配してしまう」
「こうなったらイヤだなという思いがどうしても頭から離れない」
誰もが一度は、先の見えない未来に対して不安を感じたことがあるのではないでしょうか。

未来は誰にもわからないので、わからないことに対して不安になるのはごく自然です。本当に最悪な状況が起きてしまったときに、少しでも心が傷つかないように備えているからです。

しかし、どんなに今心配しても、今不安になっても、その出来事は「今」起きているわけではありませんよね。

ですので、私は「もし何かが起きてしまったとしても、またそのときに一生懸命、自分がどうしたいか考えたらいい♪」と思っています。チャプター2でもお伝えした通り、そもそも不安の96％は実際に起きません。もしも心配している最悪な状況が起きたとしても、自分の気持ちや状況が今とまったく同じとは限らないわけですから、予想した通りのシナリオになるとも限りません。今から想定していてもそこまで役に立たないんです（笑）。

どんな状況にいたって、常にその中でベストを選択していけば、未来は幸せになっていくのですから。

未来はわからない。だからこそ可能性は無限大！

私たちは幸せになるために生まれてきているので、自分の幸せのために必要ないことは起きません。たとえ起きてしまったとしても、それは自分の幸せに必要だから起きているのです。

「私の未来は幸せにしかならない♡」。そう決めてしまえば、未来への不安が少しやわらぎませんか？

もちろん、私もできるだけ傷つきたくないし、怖さもあります。

けれど、まだ起きていない未来にばかり意識が向いてしまって、大切な「今」が置いてけぼりになってしまってはもったいない！


そして、「未来はわからない」も、どうしたって事実です。わからないから不安ととらえるか、わからないから可能性は無限大ととらえるかは自由に選択できるのです。

「みんなにうらやましがられちゃうような素敵な人と結婚が決まった」

「1年前では考えられないような幸せな日々を過ごしている」

わからない未来には、そんな予想もできない素敵な展開が待っているかもしれません。


目に見えないと不安になりますよね。けれど同時に「大きな可能性も秘めている」ということなのです。

そして、その未来をつくるのは、「今」の自分です。自分が「今」発しているエネルギーが、未来で起きる出来事を引き寄せてくるからです。

楽しい「今」が未来の幸せな自分をつくる

未来の自分が幸せになるためには、今、幸せになること。

ですから、今、何がしたいかな？　今、どうしたら楽しくなるかな？　と考えて、今を大切に楽しんで過ごしましょう。

たとえば、

- **YouTubeを見ながらおうちトレーニングをする**
- **カフェ巡りをする**
- **メイクレッスンに行く**
- **新しい髪型に挑戦してイメチェンする**
- **大好きな音楽を聴きながら掃除をする**
- **オンラインヨガのクラスに参加する**
- **コーヒーを飲みながら大好きなドラマを観る**

など、「今」幸せになると言っても、すごいことをしなくても大丈夫！

時間をかけて遠いところまで行ったり、すごいお金をかけて何か買うことではなく、日々の中で感じられる小さな幸せ、小さな楽しみを見つけて自分に与えてあげましょう。

予想以上の素敵な未来が待っているはずですよ。

Chapter 6

嫌われたくない

傷つきたくない

失敗したくない

恋の３大恐怖心を手放す

チャプター2でもお話ししたように、人は恋をすると臆病になります。

「嫌われたくない」
「失敗したくない」
「傷つきたくない」

好きな彼と幸せになりたい！　と思えば思うほど、怖くて動けなかった経験がある人は多いのではないでしょうか。

私自身も、嫌われるのが怖くて、自分の気持ちを我慢しながら恋をしてきた1人です。

もちろんこうした恋愛での恐怖心も、人間として自然な感情であり、とても大切なものです。しかし、恐怖心が強すぎると、恋愛にブレーキをかけてしまったり、彼との距離が縮まらない原因となることがあります。

この章では、これらの気持ちを上手に手放す方法をお伝えしていきます。

「嫌われたくない」を手放す

人間関係全般において言えるのですが、誰かから嫌われることを望む人はいません。

「嫌われる勇気」を持つことは、とても難しいと思います。なぜなら私自身が、やっぱり人から嫌われたくないから（笑）。

嫌われたら、それは悲しいです。もちろんすべての人から好かれたいとは思っていません。ですが、自分が好きな人からは、できれば好かれたい！

これが恋愛となれば、その気持ちはさらに強くなります。友人はたくさんいてもいいけれど、恋人はたった１人。特別な存在だからこそです。

でも、この「嫌われたくない」が強くなると、自分らしさを失ってしまうことがあります。

・相手に自分の想いを伝えられない
・自分の弱い部分を出せない
・相手にすべて合わせてしまう

これは、恋がうまくいかなかった頃の私の恋愛そのものです。

嫌われたくないから、連絡が来なくても「寂しい」とは言いませんでした。本当は寂しさや不安を抱えていても、それを表には出さず、連絡のタイミングもすべて相手に合わせていました。

好きな人が我慢していてうれしい男性はいない！

ところが、嫌われたくないとがんばればがんばるほど、なぜか彼との心の距離は離れてしまったのです。

このときの私は、完全に本来の自分を見失っていました。自分らしくいられない恋はとてもつらくて苦しいですよね。彼は、きっと本来の明るくて笑顔の私を好きだったので、暗い顔をするようになった私から離れていった理由も今ならわかります。

「嫌われたくない」と思うのは、それだけ相手を想っている証拠。

でも、嫌われる恐怖心から自分の感情を抑え込んだり、相手に合わせすぎてしまうと、恋愛はうまくいきません。

男性は「大切な人をもっと幸せにしたい」と思う生き物です。彼女に我慢をさせて笑顔を奪いたい男性なんていません。だから、女性が我慢をすることは恋愛では逆効果なのです。

まずは自分の中に、〝嫌われたくない〟という恐怖心がある事実を認めてあげましょう。

先ほども書いたように、「嫌われる勇気」を持つ必要はありません。

大切なのは、〝嫌われたくない〟想いを、もう少し軽やかにすること。

上手に思考転換をして、前向きな想いに変えることで、恋が楽しめるようになり、恋愛がうまくいくようになります。

こんなふうにとらえてみよう①

嫌われたくない↓もっと好きになってもらいたい♡

どうでしょう？　こうやってとらえると、自分の気持ちがとてもかわいらしく思えてきませんか？

「嫌い」の反対は「好き」。反対語を考えるように自分の思考の裏側を探してみてほしいのです。

チャプター5で、「幸せ脳」の話をしましたが、どの方向に物事をとらえるのかは自由に選択できます！

自分に自信が持てないとつい、〝嫌われたくない〟という思考を選択しがちです。

でも違う視点でとらえると、〝私をもっと好きになってほしい〟〝もっと仲よくなりたい〟という、恋する女性のかわいらしい純粋な気持ちでもあるのです。

そこに気づいてあげることが、とても大切です。

とらえ方を変えると、行動も変わります。

〝嫌われたくない〟と思っていれば、我慢をしながら、ただ待つばかりの恋愛になります。

〝もっと好きになってもらいたい〟と思っていれば、好きになってもらうために前向きに努力できます。

ダイエットをしてもっときれいになる！

新しいファッションに挑戦してみる！

お料理教室に通ってみる！

彼が好きなゴルフを始めてみる！

こんなふうにもっと素敵になるために自分を磨くと、その努力は自信へと変わっていきます。

そして自信が持てるようになれば、自然と恐怖心は少なくなっていき、自分らしく恋を楽しめるようになります。

〝嫌われたくない〟という恐怖心は、自分を磨いて高めるためのパワーに変えていってください！

「失敗したくない」を手放す

「フラれてしまった」

「彼とケンカしてしまった」

「アプリで全然いい人と出会えない」

うまくいかなかった経験を「失敗」ととらえる人も多いのではないでしょうか。そして、失敗が怖くて前に進むのを躊躇《ちゅうちょ》してしまう人がたくさんいます。

失敗するのが怖いとき、「うまくいかないこと＝よくない」と思っていませんか？

失恋だって成功体験のひとつ！

失敗は誰にでもあります。

私も恋愛でうまくいかない経験はたくさんありました。フラれたことも何度もありますし、彼の浮気を疑って大ゲンカになったこともあります。婚約破棄も経験しました。

今でも、日常や仕事で「しまった！」とあせることもたくさんあります。

どんなに自分を磨いていても、引き寄せの法則を実践していても、すべてが完璧にうまくいくなんてことはありません。

「うまくいかないこと＝よくない」ととらえていると、失敗したくない想いは強くなりますよね。

フラれたことが悪い経験となり、次に想いを伝えるのが怖くて行動できなくなります。

でも、少し違う角度で考えてみてください。

勇気を出して想いを伝えられたのは、とても素敵なこと。彼とは両思いにはなれなかったかもしれませんが、気持ちを伝えられたというひとつの成功体験でもあるのです。

そう考えてみると、その経験で学んだり、得たものもたくさんあるのではないでしょうか。

こんなふうにとらえてみよう②

チャプター4でもお伝えしましたが、この世で起きることはすべて、幸せになるためのプレゼントです。

失敗したくない→すべてのことはプレゼント♡

- **フラれてしまったけれど、勇気を出して想いを伝えられた。**
- **ケンカしてしまったけれど、彼の気持ちを知ることができた。**

・婚約破棄になったけれど、自分の結婚観が明確になった。

このように、何事もかなえていける人は、うまくいかなかったことを「失敗」だとはとらえません。

もっと幸せになるため、もっと成長するための神様からのプレゼントだと思っているのです。

どうでしょう。失敗が怖い気持ちがやわらぎませんか？

もちろん、未来はわからないからこそ、「うまくいかなかったらどうしよう」「また同じことが起きたら」という想いも出てくるでしょう。怖さを完全にはなくせないかもしれません。

ですが、仮にまたうまくいかなかったとしても、それも新しいヒントをもらえるチャンスだととらえられたら、また勇気を出して一歩を踏み出せます。

失敗を怖がって行動しないのは、「チャンスを逃している」のと同じです。

行動したらうまくいく可能性だってあります。いつ最高に幸せになるチャンスがやってくるのかわからないですもんね！

失敗してもいいよ！

うまくいかなかったら、またそのとき考えよう！

これくらい軽やかな気持ちで、過ごしていると案外すんなりうまくいったりするものです。

怖がりすぎず、たくさんの経験を積み重ねていきましょう。

「傷つきたくない」を手放す

ネガティブ感情は自分を守るために出てくるものとお伝えしましたが、悲しみやつらさを経験したいと望む人はいませんし、傷つくのは誰でも怖いものです。

恋愛は必ずうまくいくというものではありませんよね。そこは恋愛の残酷な部分。傷つく可能性をゼロにはできないのです。

だからこそ**大切なのは、「後悔しない」恋をすること**です。

ある受講生さんには、長年片思いをしている彼がいました。最初は彼と食事に行ったり、デートもできていたのですが、告白だけはなかなかできずにいました。「フラれたらどうしよう」と怖くて、伝える勇気が持てなかったそうです。

そのうち少しずつ会う回数も減っていき、ついに彼は別の女性と結婚してしまいました。

彼が結婚すると知って、彼女はずっと好きだったと伝えました。すると彼から「僕も同じ気持ちだったことがあったから、もっと早く伝えてくれたら」と言われたそうです。

「勇気を出して行動すればよかったです」という彼女の言葉を聞いて、もっと早く背中を押してあげられたらと私自身も後悔しました。

「うまくいかなかったら落ち込んじゃう」「ショックだろうな」と、傷つくのが怖くて、なかなか踏み出せないこともあります。行動するのは、やっぱりすごく勇気がいるし、誰だって傷つくのは怖いです。

ですが先ほどもお伝えした通り、「うまくいかないこと＝失敗」ではありません。

どれだけ相手を好きになれたのか、どれだけ真っすぐに向き合えたのかで、その恋が幸せなものになるかは決まります。

たとえうまくいかなかったとしても、自分の心の声を信じて、彼に届けた想いや行動は、「自分の想いを大切にできた」素敵な恋愛そのものなのです。

もちろんうまくいかなかったら、傷つくし落ち込むかもしれません。

でも、「落ち込んだらダメ」とダメ出しするのではなく、「がんばったね！」「よく行動したね！」と褒めてあげてほしいのです。

傷つきたくないから、何も行動しないのか。

傷つくのは怖いけれど、勇気を出して行動してみるのか。

どちらが後悔がないでしょう？　どちらが幸せな恋を貫いたと言えるでしょう？

どちらが自分をより成長させてくれるでしょう？

こんなふうにとらえてみよう③

傷つきたくない↓それだけ幸せになりたいと望んでいるということ♡

傷つきたくないのは、自分を守りたいからです。

そしてその裏には、〝前に進みたい〟〝もっと幸せになりたい〟という強い望みも隠れています。

チャプター4でもお伝えしましたが、人間はなれないものに憧れません。人間は自分がかなえられると思えることしか願いません。

つまり、幸せになりたいと望むのは、「私ならもっと幸せになれるはず！」と自分を信じている証拠でもあるのです！

だからこそ、傷つきたくないからと何も行動しないのはもったいないと思いませんか？

不安になるほど誰かを好きになるのは、とても幸せなことです。だからこそ後悔しないように、自分を信じてその恋を貫く勇気を出していってほしいのです。

もちろん傷つくこと、ショックで立ち直れないこともあるかもしれません。そんなときはとにかく思いっきり泣いてみてください。

私もよく、お風呂でシャワーを浴びながらたくさん泣きます。洗い流すつもりで、自分の感情を外にたくさん吐き出してあげるのです。涙には浄化作用がありますから、たくさん泣くことで自分を癒せます。そうして気が済むまで涙を流したら、スッキリしてまた前を向けるタイミングが必ず来ます。

そのときが来たら、また「自分はどうしたいかな」と考えてくださいね。

運命の相手とのご縁は必ずつながる

恋愛で不安になったり、怖さが出たときに知っておいてほしいことがあります。

それは「自分に必要な人とのご縁は必ずつながる」ということです。

片思いの彼とうまくいくか不安な人も、一度別れてしまって復縁を希望している人も、今新しいご縁を探している人も、どんな状況でも、たとえ一度離れてしまったご縁であっても、自分にとって必要な人とは必ずつながるようになっています。

だからこそ、怖がる必要はなく、勇気を出して相手と向き合っていくのが大切です。

彼と離れていても、こんな準備をしよう

何度フラれてもあきらめず、彼に想いを伝え続けて、結婚して幸せになった受講生さんがいます！

遠距離＆音信不通から、復縁して結婚をかなえた受講生さんがいます！

アプリで出会った彼が、たまたま同じ高校の先輩で、何十年ぶりにご縁がつながり結婚された受講生さんがいます！

離れていた幼なじみと再会し、幸せな恋をかなえた受講生さんがいます！

ご縁は本当に不思議なもので、どんなに離れていても、連絡先がわからなくても、またタイミングが来るとつながることがあるのです。

フラれることも、離れることも、うまくいかなかったことも、一見よくないことのように感じるすべてが必要だから起きています。

不安になることもたくさんあるでしょう。でも運命の相手であれば、どん

な大きな壁も乗り越えて、また必ずつながるようになっています。そう思えば、恋愛に対する恐怖心も少なくなりますよね！


もし今、好きな人と連絡が取れなかったり、会えなくなってしまった人も、まだまだ想像できない可能性があると思っていてください。怖くて行動できない人も、勇気を出してみてください。

だって必要な人なら必ずつながるのですから♡

もしも明日、そのタイミングが来たら……自信を持って彼と幸せな恋愛ができそうですか？

今、最高に素敵な自分でいられていますか？

いつつながるときが来てもいいように、いつでも最高の自分でいるための準備を整えておきましょう。

好きという気持は大切に持ちながら、今できることを精一杯楽しんでください。

ありのままの自分で勝負する

恋の恐怖心をある程度手放せると、恋愛を楽しむ余裕が出てきますが、さらに幸せな恋をするためには、**自分らしくいること**が大切です。

恐怖心でいっぱいのときは、相手に合わせてばかりの恋をしがちですよね。

彼のために予定を空けておいたり、寂しさを我慢したり、言いたい気持ちも伝えられない等、自分を抑えて恋愛をしてきた方も多いと思います。

ですが、ここまで読まれて不安とのつき合い方や恐怖心のとらえ方も少し軽やかになったのではないでしょうか。

不安になるくらい好きなんだ！
もっと仲よくなりたいんだ！
失敗してもいいんだ！

ご縁があれば必ずつながる！

そう思えたら、ここからは自分らしさで勝負していきましょう。

彼のために予定を空けるのではなく、自分の予定を優先させましょう！

寂しさは我慢せずに彼に伝えていきましょう！

会いたいときは、会いたいと言いましょう！

ありのままの自分でいれば、必ずそのままのあなたを受け入れ、愛してくれる人がいます。逆にそのままのあなたを受け入れてくれない人とは、どんなに好きでもいっしょにはいられないですよね。

先ほどもお伝えしましたが、何があってもご縁がある人とは必ずつながります。だから苦しい我慢をして自分を抑える必要はまったくありません！

あなたはどんな恋を望んでいますか？

自分らしい恋について考えるワーク

以下の質問に答えるワークをしてみましょう。そしてその答えの裏にある本心についても考えてみてください。考えるだけでもよいし、書くのが好きな人はぜひこのページやご自分のノートなどに書き出してみてくださいね。

◆今まで恋愛で我慢してきたことはなんですか？

例）タバコ嫌いなのに我慢していた→本当はイヤなことはきちんと伝えたい！

◆今まで恋愛で相手に合わせてしまったことはなんですか？

例）彼から急に会いたいと言われたら、先約をキャンセルして会っていた
↓本当は自分の予定も大切にしたい！

◆今まで恋愛で自分を飾っていませんでしたか？

例）ダメなところを見せないようにがんばっていた

↓本当はダメなところもまるごと受け入れてもらいたい！

このワークをやると、本当は自分はどんな恋愛をしたいのか、改めて気づけます。

恋の恐怖心から我慢や遠慮をしていたときは、彼に選ばれたいという気持ちが強かったはず。そうすると「選ぶのは彼」と彼の価値が優位になってしまいますが、**恋愛のパートナーとは上下関係はありません！**

ですから当然、あなたも我慢や遠慮なんてせずに、自分が本当に望む恋愛を選択していっていいのです。

２人で心地よい関係をつくっていくのが、恋愛の幸せな過程でもあります。すべてを相手に合わせるのではなく、あなた自身がどうしたら楽しいのか、心地よいのかを大切にしてみてくださいね。

怖がらずに、ありのままの自分をとことん出していきましょう！

幸せな女性はたくさん不安になる

恋愛って本当に、私たちにいろんな感情をもたらします。

「大好き」と「幸せ」だけだったら幸せなのに、なんでこんなにも苦しいんだろう。なんでこんなにもつらいんだろう。なんでこんなに悩むんだろう。

そんなふうに思うこともあります。

どうしたらいいのかわからなくなってしまい、迷って答えが出ないときもあるでしょう。

私自身、自分の中のネガティブ感情や恐怖心に向き合う中で、悩んだり迷ったりすることもたくさんありました。

悩んだり迷ったりするのは一見よくないことに感じますが、それらもとても大切です。

幸せな恋をかなえている人たちを見てきて思うのは、**幸せな女性はみんな、凛とした強さを持っている**ということです。

この強さとは、ネガティブにならないことではありません。

幸せな女性は、たくさん不安になります。たくさん悩みます。たくさん迷います。

それでも自分を否定せずに、自分の気持ちと向き合って、最後は自分がどうしたいのか答えを出せるのです。勇気を出して行動ができるのです。

凛とした強さとは、〝怖いけれど、それでも自分の幸せのために動いていけること〟です！

もしかしたら今、とてもつらい恋愛をしている人もいるかもしれません。出口が見えず不安でいっぱいな人もいるかもしれません。

今は苦しいかもしれないけれど、たくさん悩んでみてください！

私たち人間にはみんな〝幸せになる力〟が備わっています。絶対に乗り越えて幸せになっていける力を全員持っているのです！

不安になっても、傷ついても、怖がらずにかなえてきた人をたくさん見てきました。ですから、ネガティブ感情が強くても、幸せになることをあきらめないでください。

「自分はどうしたいのか」
「恋をかなえるために何ができるのか」
「もっと素敵な女性になるためにやれることはないか」
「後悔しないために何ができるか」

勇気を出して行動し続けてくださいね。
幸せな未来は必ず存在しています！

Chapter 7

「恋の不安あるある」ケース別 お悩みQ＆A

ここからは、よくいただくご相談やご質問を、4つのテーマに分けて、Q&A方式でお答えしていきます。恋愛を軽やかに楽しむヒントになればうれしいです。

1 片思いの悩み

Q. 好きな彼に告白したいのですが、断られて今の関係が壊れてしまうのはイヤだなと思うと、なかなか行動に移せません。

A. 大きな一歩を踏み出すときには怖さは出てきますよね。そんなときこそ、不安にはなるけれど、でも「私はどうしたいのかな?」と自分に聞いてみてください。

「伝えたい!」と思うなら、その自分の本音をかなえてあげることが、大切な自分のためにできる行動です。思ったような結果にならなかったら……という不安はありますが、実は「断られてしまった」ことよりも、**「自分の想いを行動に移せなかった」という後悔のほうが、後々ずっと心に残ってしまう**のです。

もし断られてしまったとしても、「自分の素直な想いを行動に移せた！」と勇気を出した自分にハナマルを送ると、その経験が自信につながり、自分を輝かせてくれます。それは勇気を出した人だけが受け取れるギフトです。

その行動によって新しい道に進んでいけますし、あきらめられないならまた告白してもいい。

受講生さんの中には、２回目、３回目の告白でおつき合いできた方もいますよ。

結果がどうなったとしても、私たちの未来は幸せにしかならない。それなら、今この一瞬一瞬で後悔ない選択をしていきたいですよね。

Q. 最近彼が素っ気なく感じて「脈なしかも……」と落ち込んでいます。

A. 好きな彼に素っ気ない態度を取られてしまったら、それはショックですよね！

でも、「寂しいな」「ショックだな」という素直な気持ちは感じ切ってくださいね。

ここで大切なのが、「自分の価値を下げない」ことです。彼に素っ気ない態度を取られてしまうと、「私なんてその程度の存在なんだ」「やっぱり私は愛されないんだ」と、つい自分の価値を下げて考えがちです。

でも、**彼が素っ気ないことと、自分の価値は関係ありません。**

「彼が素っ気ない気がする」というご相談をこれまでもたくさんいただいてきましたが、「気のせいだった」「仕事が忙しくて彼に余裕がないだけだった」ということも多いのです。

それなら、彼のことはちょっとだけ横に置いておいて、今は愛される自分をつくることに意識を向けてみましょう。自分を大切にすればするほど、自分で感じる自分の価値は上がり、彼や周りの人からも大切にされるようになります。

みなさんは、愛される恋がかなったときの自分自身の姿はイメージできていますか？

・どんな表情をしていると思いますか？
・どんなふうに毎日を過ごしていると思いますか？

笑顔で過ごしている、口角が上がっている、穏やかな表情をしている……。自分1人の時間も楽しんでいる、周りの人との時間を楽しんでいる、感謝の気持ちを持って過ごしている……プラスの状態ばかり思い浮かんだのではないでしょうか。

実は、愛される恋がかなったから、そうなるのではありません。そういう

自分になっているから、愛される恋がかなうのです。

そして、イメージした自分自身の姿の実現は、決して難しくはなく、今やろうと思えばすぐにでもできることです。

「今の自分にできることをして、内側も外側も磨いていたら、あんなに素っ気なかった彼から追いかけられるようになりました！」という報告もたくさんいただいていますよ。

Q. 気になる彼と会えない時間が長くなると、どんどん距離ができるように感じてしまいます。

A. なかなか会えない状況が続くと、恋が停滞しているように感じてしまいますよね。
会っていないと、コミュニケーションを取らないと、彼の気持ちが離れていってしまうと思う人も多いかもしれません。しかし、〝会えない〟事実は変わりませんが、そのとらえ方を変えるだけで未来は大きく変わってきます。

「会えないから停滞している……」と思うか、「会えない時間は、最高の自分で彼に会うための準備期間」と思うかで、自然と意識や行動が変わります。

彼に会えない……と悶々《もんもん》としながら過ごすこともできますし、自分にたっぷり愛を与えて、自分に磨きをかけて、とびきり素敵な自分にもなれるのです。

どちらを選択したいですか？


会えない期間＝〝魅力的な自分で彼に会うための準備期間〟に書き換えましょう。もっともっと魅力的な自分になるために、準備はいろいろできます。

- **ダイエットをがんばって、デートに着たいワンピースを素敵に着こなす**
- **メイクや髪型の研究をして外見を磨く**
- **やりたかった趣味に挑戦して、自分の時間を充実させる**

彼に会ったときに、「他の男に取られたらイヤだ」と思わせちゃうくらい、とびきり素敵な自分になりましょう。

そんな自分になれたなら、彼は自然と追いかけてくるはずですよ。

Q. 好きな彼が他の女性と笑って話しているのを見ると、ヤキモチをやいてしまいます。

A. 「嫉妬やヤキモチ＝よくないもの」という、ネガティブな思い込みを変えてみましょう。
嫉妬やヤキモチは、「私も彼とあんなふうに笑顔で話したい」「自分だけの彼でいてほしい♡」と思う純粋でかわいい気持ちの表れなのです。それ自体はまったく悪くありません。

「こんなに彼が好きなんだな」と、その気持ちをまず抱きしめてあげてください。

ヤキモチをやいているとき、その対象となる女性は、自分よりも素敵に見えたりするものです。

「あの子は話が上手だから彼も楽しいだろうな」「あの子かわいいしね」

そう思ってしまったら、「でも私にもこんな魅力があるもんね♪」「私もがんばっているよね♪」と自分の〝ある〟に目を向けましょう。

また、ヤキモチをやくのは、それだけ大きなエネルギーが自分の中にあるということです。

「他の女性に負けないくらいもっともっときれいになろう」「彼が選びたくなるくらい外側も内側も磨こう」と、自分をピカピカに磨くのにエネルギーを注いでいきましょう。

自分に似合うファッションやメイク、髪型の研究をして外見を磨いたり、自分を認めてあげて自分との信頼関係を築いたり、本を読んだりいろいろな人との交流の中で、自分の価値観を広げることで、内面も磨かれます。

外見も内面も磨くと、おのずと自分に自信を持てるはずです。

Q. 好きな彼が別の女性と結婚してしまいました。もうあきらめたほうがいいでしょうか？

A. 好きな彼の結婚はとてもショックですよね。恋愛ではかなえるのが難しい状況になることもあります。彼への想いを消し去る必要はありませんが、自分の幸せについてしっかり考えてあげてください。

もちろん想い続けることもできます。ですがそれは本当に幸せですか？　どんなに大好きでも、彼には奥さんがいる。つらい気持ちになってしまうことのほうが多いのではないでしょうか。

その場合は、**自分が少しでも楽になれる選択をする**ことも大切です。「大好きだけど、今はタイミングじゃないんだね。他にも素敵な人がいるのかもしれない」と、自分を苦しい状態から解放しましょう。

先にも述べましたが、ご縁がある人とはどんな壁があっても必ずつながります。好きな彼が結婚してしまっても、またよい形でご縁がつながったという受講生さんもいました！　その後すぐに別の運命の彼と出会って幸せになった人もいます。

何が起きるかはわからないのです。

彼を忘れるのではなく、「こんなに好きになって、いい恋愛をしたな」と、まずは区切りをつけてみましょう。

そして改めて、自分のかなえたい幸せについて考えてみてほしいなと思います。

大丈夫。まっすぐに誰かを想った経験は、また素敵な恋愛につながっていきますからね！

2

出会い、婚活の悩み

Q. なかなか出会いがなく、本当にいい人と出会えるのか心配です。

A.なかなか出会いがないと、本当に素敵な人と出会えるのかなと不安になりますよね。ですが、出会いは実はたくさんあるもの。もしかしたらチャンスを逃しているかもしれません！

何よりも大切なのは〝どんな人と出会いたいのか〟を明確にすることです。理想の男性像がイメージできていますか？　自分の理想があいまいだと、たくさんの男性の中から運命の相手を見つけられません。

まずは、どんな人とどんな恋愛をして、どんな結婚をしたいのか、未来

をしっかりイメージしてみてください。

理想が明確になったら、とにかく行動をしていきましょう。出会いの場はたくさんあります。

婚活アプリ、結婚相談所、友だちの紹介など、直接的な出会いの場に行くのはもちろんですが、それ以外にもあります。カフェや公園、図書館、空港など自分が心地よいと思う場所に行く、趣味サークルに入ってみる等、自分がワクワクできる行動範囲を広げるのも大切です。

実はこういった場所で、運命の出会いを見つけた人も多いのです。

ある受講生さんは飼っているわんちゃんのトリミングへ行った際に、そこで犬好きの男性と出会いそのままおつき合いして結婚しました。ある受講生さんは、趣味の登山中にライトを貸してもらったことがキッカケで運命の相手と出会いました。

出会えるのかなぁと不安を抱えながら、じっと待っていても出会いはありません。

「出会いは自らつかみに行く！」くらいの気持ちで行動してみてくださいね。

Q. 本当に結婚したいのかわからなくなってしまいました。

A.まずお伝えしたいのは、「結婚する＝幸せ」ではないということです。

結婚はしなくてはいけないものではありません。自分らしく生きるのが当たり前の時代になり、独身を選択する人も増えています。

ただ、そんな中でもやっぱり結婚に憧れを抱く女性は多いと思います。それならば、自分が結婚したい理由を考えてみましょう。

1人だと寂しいから。周りの人が結婚していて乗り遅れそうだから。年齢的に結婚したほうがいいから。周りの目が気になるから。仕事がイヤで早く辞めて寿退社したいから……。

あせりや不足感から〝結婚しなければ〟と思っていませんか？

でも、それだと自分の意思ではないので、心からの願いではなくなっているんです。

「2人でいろいろな喜びを共有したい。今も幸せだけど2人でいるともっといろいろな幸せを感じるから、家族をつくる幸せを経験してみたい！」

このように、**欠乏感から来るものではなく、ポジティブな思いから望んでいるならば本当の願い**です。

最近では結婚の形も変化してきて、結婚は我慢するもの、窮屈なものではなくなってきています。事実婚や週末婚、別居婚等、夫婦の形もいろいろです！

ぜひ自分の理想の結婚観を考えてみてください。

Q. 出会い系や婚活アプリに挑戦してみたいですが、だまされたらどうしようと不安で一歩が踏み出せません。

A. 私のもとにも、「アプリでいい人と出会いました！」というご報告は本当に増えています。

実は私もアプリで夫と出会い結婚しました。昔のいわゆる「出会い系」というイメージとは違い、最近の婚活アプリはプライバシーを守りながら安心かつ効率的に活動できるので、個人的にはとってもオススメです！

実際に登録者数も伸びていて、それくらいアプリで出会うのは普通になってきました。

とはいえ、初対面の人とSNSで出会うのは怖さもあると思うので、まずはしっかりリサーチすること。今は安全に利用できるアプリがたくさんありますから、自分に合いそうなものを見つけましょう。

私はアプリまとめサイトを参考にしましたが、登録に身分証明書や独身証明書が必要なアプリもあります。また年齢層もアプリによってバラつきがあるので、どのような出会いを求めているのかで選んでみてください。

何よりも実際にやってみるのが大切です。

だまされそう、怖いと思っている人のほとんどは、アプリを利用したことがないのです。ですが実際にやってみないとわからないことがたくさんありますよね。もちろん怖さもあるかもしれませんが、それよりも「素敵な人と出会いたい」気持ちが強いのであれば、挑戦してみる価値はあると思います。

それでも怖いと思ったら、すぐにやめて大丈夫。

やってみたらすごく楽しくて、すぐに運命の相手と出会うことだってあるかもしれません。本書でも、怖さから行動しないのはもったいないよとお伝えしてきました。

すべては神様からのプレゼントですから、ぜひ勇気を出して行動してみてください！

Q. 年齢的に本当に結婚できるのかと不安になります。

A. **いくつになっても結婚はできますよ。**実際受講生さんの中にも、50歳を過ぎてから恋愛をして幸せな結婚をされた方がいます。世の中の結婚年齢などの情報はあくまでも統計なので、自分をそこに当てはめないのも大切です。

恋愛も結婚も若ければいいというものではありません。もちろん20代の頃と比べれば、見た目などは変化しているでしょう。ですがどんなに年齢が若くても、自分を蔑《ないがし》ろにしていたり、いつも愚痴ばかり言って過ごしている人には魅力は感じません。

男性だってただ若ければいいわけではありません。楽しい時間を共有したり、心が豊かになれる相手といっしょにいたいはずです。**年齢にかかわらず、自分を大切にして、今を楽しんで輝いて生きている女性には誰もが惹かれ**ますよね。経験を重ねた今だからこその魅力が必ずあります。

そして年齢は正直どうにもなりませんよね（笑）。

それならばまるごと受け入れて、自分をどう輝かせるかにエネルギーを注いであげてください。若い頃よりも、今の自分のほうが好きだなと思えたなら、幸せな恋愛も結婚もかなえられます。

Q. 前の彼がとても素敵だったので、今からまた人を好きになれるのでしょうか？

A. ひとつの恋が終わったときに、その恋に費やしたエネルギーが大きいほど、「またこんなにも人を好きになれるのかな」と思いますよね。私も同じ経験がありますが、それは幸せな恋愛をしていた証拠です。

もちろん今すぐに、絶対にまた出会えるとまで自信は持てないかもしれません。

でも、**一度誰かを本気で好きになれた人は、また必ず誰かを好きになれます。**

その幸せだった恋愛は過去の自分が引き寄せたわけです。

では、その頃の自分と今の自分は、どちらが輝いていますか？　どちらの自分が好きですか？

誰かをまっすぐに想い、幸せな恋愛を経験して、一歩成長していますよね。

さらに自分自身の内側が磨かれれば、もっともっと素敵な出会いを引き寄せていけるはずです！　もっと幸せな恋ができるはずです。

そう考えると楽しみですね。

「次はもっと幸せな恋をする！」

そう純粋に願ってみてください。

自分の可能性を信じてみましょう！

Q. 理想が高くてなかなかいい人に出会えません。

A. この内容もよくご相談いただきますが、理想が高いのは決して悪いことではありません！

幸せになるのに妥協は必要ありません。かっこよくて、経済力があって、優しくて……など自分の理想が明確であるのはとっても大切です。

ですが、なかなか出会えないときは、相手の〝条件〟ばかりを見ていませんか？

私も昔は条件で相手を決めていました。とても理想通りの条件の方とおつき合いしたこともありましたが、全然幸せではなく、あるときふと、彼があまり笑わない人だと気づいたのです。私にとっては条件よりも、いっしょにたくさん笑うことが重要だったんですよね。

大切なのは、自分になぜその条件が必要なのかです。

たとえば〝経済力〟を理想に挙げるとします。

でも、実はほとんどの人は、ただお金があればいいわけではないのです。

素敵なお家に住みたい！

海外が好きだから毎年彼と旅行へ行きたい！

不安のない生活をしたい！

など、経済力を求める理由がありますよね。

理想を描くとはただ条件を挙げるのではなく、その彼といるときに、

自分が何を得たいのか、何を感じたいのかを明確にすることです。

ぜひ幸せな恋愛や結婚を具体的にイメージしてみましょう！

どんなデートがしたい？

どんな言葉をもらいたい？

どんな結婚式がいい？

どんな家族になりたい？

どんな関係でいたい？

イメージしたときにワクワクして幸せだなと思えればＯＫです。その中から自分の絶対に譲れない部分を見つけてください。そして自分の心がワクワクして心が温かくなれる人を選んでみてくださいね！

3 復縁の悩み

Q. 彼とは最悪な状態で別れたので今も連絡が取れません。こんな状況でも復縁はかないますか？

A.彼との今の状況がよくないと、これからどうなってしまうのだろうと不安は募りますよね。

しかし、「この状況だから無理そう」「こういう状態だと難しい」――そう考えているのは、自分のたった5％の顕在意識です（38ページ参照）。私たちの考えられない範囲は95％を占めていて、無限の可能性が存在しています。

いつ、どんなタイミングで何が起きるかは、私たちの想像できる範囲を超えているのです。

今の状況が、そのままの形でずっと続いていくと決まっているわけではありません。それは恋愛だけではなく、仕事などでも同じ。ガラッと状況が変わったり、突然流れが変わるのをみなさんも経験しているのではないでしょうか。

ですから、大切なポイントは〝かなうかどうか〟ではなく、**〝どうなりたいのか〟という自分の素直な気持ち**です。

「彼と復縁したい」「今は彼が好き」——それが本心なら、その気持ちを大切にしてあげましょう。

そして、「こんな状況でもかないますか?」という質問の答えはイエスでもノーでもあって、それは今の状況とは関係していません。

自分で「こんな状況だけど今の私なら幸せになれるかも♪」と思っていればかないますし、「こんな状況だし無理だろう」と思っているとかないません。

そう、自分次第なのです。

「かなうかも」と思えるようにしてくれるのは、実は状況や彼との関係ではありません。いくら彼と連絡が取れていい状況だったとしても、自分に自信がなければ「きっとかなう」と思えないはずだからです。

「かなうかも」と自分の未来を信じるには、自分で自分の内側を整えること。

たとえば、**自分の味方になり、優しい言葉をかけてあげる。**

1日ひとつでも自分の心が喜ぶことを自分に与えてあげる。

そうして自分の内側が満たされていくと、未来に対しても「きっと大丈夫」と思えるようになるのです。

音信不通であっても、絶縁状態であっても、大ゲンカして別れた状況であっても、またご縁がつながった方はたくさんいらっしゃいますよ。

Q. 別れるときに「もう会わない」と言われました。彼は頑固な性格なので、気持ちは変わらないだろうと不安です。

A.過去に言われた言葉や行動がずっと頭の中に残っていることもありますよね。しかし、私たちのエネルギーは常に生まれ変わっているものです。「もう二度と会わない」「もう連絡を取りたくない」と言われたとしても、**〝そのときの彼がそう思った〟**だけなのです。

復縁結婚をかなえた私も、彼に過去に「復縁は１００％ないから！」と言われました。しかし、「そう言われたから難しい」という思考をやめて、「今の彼はそう思っているだけ」という思考を選択しました。

人の気持ちは、いい意味で変わるものです。朝、「今日のお昼はパスタ食べよう♪」と思っていても、ランチ休憩になったら「やっぱりハンバーグが食べたい♪」と気持ちが変わることはありませんか？（笑）

そのときの彼がそう思ったのは事実でも、明日、１か月後、２か月後は違うかもしれません。

どうしても会いたい！　ＬＩＮＥだけはつながっていたい！　とすがりつくよりも、彼が会いたくて仕方ないと思っちゃうような私になりましょう。

「彼が会いたくなる女性」とは、どんな女性だと思いますか？　きれいな人？　気配りができる人？　尽くしてくれる人？

実は、「幸せな女性」です！

男性は、女性のことを「幸せにできている」と感じると、男性としての自信を高めます。いつも幸せそうに笑っている女性を、もっともっと幸せにしたいのが男性なのです。

だからこそ、いっしょにいないときでさえも、今できる範囲の中で、自分のやりたいこと、楽しいことをやって、幸せに生きていることはとても大切です。

Q. 執着を手放すとかなうと言われますが、彼のことをあきらめられません。

A. 「手放す」とは、決して彼をあきらめることではありません。彼を忘れる必要もありません。**手放すとは、「きっと私なら大丈夫」「こうなったら最高だな」と温かくその願いを思えている状態**です。

まずは、「夢中になれる人がいるって幸せだな」と執着に光を当ててあげて、「こんなに好きなんだな～！　もう降参!!」とまるっと受け入れてしまいましょう。

彼を忘れるのは不可能です！　それだけ好きな人ですから。

私も復縁するまで、彼を1日たりとも忘れたことはありませんでした。でも、彼がいないなりに、今ある日常の中で自分を幸せにしてあげていました。

「彼のことは気になるけど、今何をしたら少しでも日々を楽しめる？」と自分を苦しい状態から解放して、彼を温かく想える自分に戻してください。

彼に向いている意識の半分を自分に向けて、自分の〝今〟を満たすと、彼を想ったときの心の状態も変わります。
「彼と復縁できたら最高に幸せだけど、今もなんだかんだ幸せに過ごせているし、きっと未来は幸せになる♪」。そう思えたら、願いはスルスルとかなっていきますよ。

私は**できる範囲で、毎日自分に小さな幸せやご褒美をプレゼントするこ**とを実践してきました。

10分早く家を出て、スタバで飲み物を買って仕事に行ったり、いい香りの入浴剤を買って帰ってお風呂に入ったり。

人によって、そして日によっても、ホッとすることや幸せを感じることは違いますから、今日の自分には、どんな幸せをプレゼントできるかな？　と考えてみてください。

別れている期間は、2人がまた出会って幸せになるために必要な期間です。彼と幸せになるために、今の自分を幸せにしてあげましょう。

Q. 復縁できたとしても、また別れたらどうしようと不安になってしまいます。

A. 復縁というのは、「戻ること」ではありません。私が伝えている「幸せな復縁」は「新しいご縁」です。

元のままの2人だとうまくいかないから、「別れ」という出来事が起きたのです。お互いにとって、もっと幸せになるために起きた出来事。ですので、そのままの状態で戻ったとしても同じことの繰り返しになり、また別れが来てしまうと思います。

幸せになる復縁は、さらに素敵になった自分と、さらに素敵になった彼が、また出会って恋をするのです。

そのためには、お互いが成長していることが大切です。別れはもっと幸せになるためのヒントを教えてくれています。別れている期間を「彼がいなくてつらい」「寂しいから早くつながりたい」と思っている暇はないのです！（笑）

別れからどんな気づきを得て、次はどんな自分で恋をしたいか明確にしましょう。

そして別れている期間に自分をもっともっと素敵にアップデートして、彼との新しい恋を楽しみましょう。

Q. 結局、復縁できなかったらどうしよう……。

A. 復縁できなかったら、今までの時間が無駄になってしまうのでは……と思う人もいるかもしれません。

しかし、復縁のために外見を磨いたり、自分の心を満たしたりした時間は、決して無駄にはなりません。**その分、さらに魅力的で素敵な自分になっているのですから。**

たとえ復縁がかなわなかったとしても、精一杯行動したことは、自分の自信になり、そんな自分のことをもっと好きになっているはず。

そうしたら、結果的に復縁ではなかったとしても、彼よりもっと素敵な人とのご縁がつながることは間違いありません！

自分にとって「幸せ♡」と思える未来が待っていますよ。

4 その他の悩み

Q. 友だちの幸せな報告を素直に喜べません。

A. 彼氏ができた、プロポーズされた、妊娠した等、友だちからの報告を素直に喜べないときってありますよね。

「私って心が狭いな」なんて自己否定してしまう方もいるかもしれませんが、それも決して悪いことではありません。むしろ、とても自然な感情です！

このご相談をいただいていつも思うのは、みなさん決して「本当にうれしくないわけじゃない」ということです。

大切な友だちが幸せになることはちゃんとうれしいと思っているんですよね。

ただ、「でもうらやましい」「私はまだなのに」という自分との比較で苦しくなってしまっている人がほとんどです。

うらやましいと思うときは誰にでもあります。そんな自分を否定せず、とらえ方を少し変えてあげてください。

「うらやましいよね！」「それくらい私もかなえたいんだよね！」「次は私の番だ！」「あの子にできることは私にもできる！」

うらやましいが出てきたときは、自分のなりたい姿を知るチャンスです！

まだかなえていない自分を劣っていると思う必要はありません。これからかなえるのですから。

「先にかなえてうらやましい！　私も負けないくらい幸せになるんだ！」

こんなふうに、自分がもっと幸せになるためのエネルギーに変えてみてほしいなと思います。

Q. 結婚どころか彼氏もいないことに劣等感を感じます。

A. 自信をなくしてしまう気持ちもわかります。ですが〝彼氏がいるから〟〝結婚しているから〟自分に価値があるわけではありませんよね。

そもそも私たちは生まれたときから価値ある存在です。ですから劣等感を感じる必要はないのです。

自分の価値を高めるため、周りから評価してもらうために恋や結婚がしたいのではないですよね。

誰かを好きになる幸せを感じたい、好きな人と楽しい時間を共有したい、家族をつくりたい、もっともっと幸せになりたい——だから望んでいるのです。

そうなるためには、**自分で自分の価値を信じましょう。**

確かに今、彼氏はいないかもしれません。でも愛する家族やペットがいたり、それ以外の趣味や仕事で部分的にでも幸せなことはありませんか？　大切にしてくれる人はいませんか？

ぜひ今あるものに意識を向けてください。

きっと今でも幸せはあるはずです。

未来は「今」の積み重ねです！


今を幸せに過ごしていくと、未来も必ず幸せになっていきます。

「どうせ私には彼氏もいないし。全然幸せじゃない」と思っていたら、幸せな未来はつくれません。

「彼氏はまだいないけれど、でも幸せなこともある！」と思っていると、幸せなご縁も舞い込んでくるものです。

「今の家族との時間を大事にしよう！」「今1人だからこそできる楽しみを満喫しておこう♪」など、今自分を満たす努力をしてあげてくださいね。

Q. 周りの女性が素敵に見えて、自分と比較して落ち込んでしまいます。私にも素敵な恋ができるでしょうか。

A. 「あの子は美人でいいな」「あの子は話すのが上手だよね」等、周りと自分を比較して落ち込んでしまう気持ちもわかります。

ですが、そういうときは、相手の光となる部分ばかりにフォーカスして、自分の影の部分と比較していることがほとんどです。

完璧な人間はいませんから、誰にでも長所もあれば短所もあります。どんなに素敵だなと思う人にも、周囲に見せていないだけで、コンプレックスや苦手なところだってあるのです。

爪がきれい、字がきれい、話を笑顔で聞ける、大切な家族がいる、いつも笑顔だねと褒められる等、あなたにも素敵なところもたくさんあるはずです！

それなのに「私なんて」と自分の価値を下げてしまうのはもったいない！

まずは自分の魅力や素敵な部分をたくさん見つけてあげましょう。

また完璧な人になれば幸せな恋がかなう、というわけではありません。逆に少しスキがあるくらいの女性のほうが愛され大切にされます。

たとえば私はお料理があまり得意ではありません。外食やお惣菜を買ってくることもよくあります（笑）。それでも幸せな恋愛も結婚もかなえています。お料理が苦手なので、彼が手伝ってくれるようになり、いっしょにつくる楽しみが増えて、彼も楽しいと言ってくれます。

そう、完璧を目指すのではなく、苦手なところは彼に頼ったほうが、頼られた彼もうれしくてずっと大事にされるのです。

苦手なところがあるくらいがちょうどいいのです！

もちろん、「もっときれいになりたい！」「もっとコミュニケーション上手になりたい！」「もっとお料理が上手になりたい！」と思うこともあるでしょう。

もっと素敵になるための行動も大切なので、努力できるところは伸ばしてみましょうね。

Chapter 8

恋は
楽しめば楽しむほど
うまくいく

目的地（願い）をカーナビにセットしよう

「こうなったらいいな」と思う理想の未来は、自分の中で目的地を決めた瞬間、そこに向かって進みはじめます。

願いがかなうまでの過程の中では、「なんでこんなことが起きるの？」「後退しているように思える」と、本当にかなうのか疑ってしまう状況になるかもしれません。

私も願いをかなえる前は、勇気を出して彼を誘ったのに断られたり、彼に「今は結婚願望はない」と言われたり、「この恋、本当に大丈夫かな？」と思ったことが何度もありました。

車に乗って目的地に向かっているときを思い出してみてください。

「海が目の前の○○カフェ！」とカーナビの目的地をセットして、そこに向かって出発しても、途中長いトンネルに入ったり、高い山に囲まれた自然たっぷりの場所を通ったり、目的地の景色とは全然違う景色を見たりしますよね。しかし、そのルートに間違いはありません。目的地に向かう途中なだけで、ハッピーエンドの物語の1ページです。カーナビに目的地をセットしているから、最終的に必ず目的地に到着します。

「幸せな結婚」という目的地をセットすれば、あきらめない限り、必ずそこに連れていってくれるのです。

ですから、まずは目的地（＝願い）をセットしましょう。

目的地は最高のゴールにセットする

不安や心配もあるでしょう。でも、「こうなったら最高だよね！」という理想の未来を遠慮なく設定してくださいね。

目的地をセットすることは、難しいことではありません。チャプター3の「STEP3」で述べたように、**自分の中で「こうなるぞ！」と決意するだけ**

です。

雨が降っているときや、暗く長いトンネルを通っているときには、「目的地とかけ離れているからもうダメだ！」と目的地を消してしまうのではなく、「今は目的地（幸せ）に向かっている途中」を合言葉に、ワクワクそのときを待ちましょう。

道を間違えて遠回りしてしまったり、寄り道や休憩をしたとしても、それはまったく問題ではありません。そのつど再検索すれば、そのときの最短ルートが示されます。

たとえ、道を間違ったとしても「こんなところにおしゃれなカフェがあったんだ♡　今度行ってみよ～♪」と素敵な偶然に出会うことだってあります。

私たちは幸せになるために生まれてきているので、すべての出来事は自分の幸せのために起きているのです。

「願いがかなう」＝絶対にたどり着ける目的地

かなえたい願いがあっても、「願いがかなうなんて、信じられない」と思って、自分で勝手にハードルを上げてしまうことがあります。

しかし、ナビで目的地をセットしたら到着するのと同じように、願いがかなうことは予定としてすでに存在しているのです。

「願いがかなうのはもう決まっている予定だから、今の自分には何ができるかな？」

そう考えてみてください。

そのためにも、目的地に到着したときに、その場所を思いっきり楽しめるように準備を整えておくこと。これが今からできる大切なことです。

準備を整えておくというのは、もし願いが明日かなったとして、喜んで受け取れる自分になっておくことです。

好きな彼から「好きだよ」と言われても「え⁉　私なんかでいいの？　私とつき合ってもいいことなんて何もないのに……」と素直に受け取れなかったり、つき合った途端、今度は「いつかフラれてしまうかも……」と彼がいなくなることへの恐怖と不安でいっぱいだと、たとえ目的地に到着してもその恋を楽しめません。

幸せを素直に受け取り、その幸せをもっと大きな幸せにしていくために、**自分にたくさん幸せを与えてあげて、目の前にある幸せに気づき、幸せを受け取ることに慣れておく**のです。

特別でない1日の中で、小さな「好き♡」「うれしい♡」「幸せ♡」を自分に与えてあげましょう。

お気に入りのマグカップでコーヒーを飲む、お部屋にお花を飾るなど、どこかに行かなくても、特別なものを買わなくても、自分に与えてあげられる小さな幸せを毎日の中にちりばめていきましょう。

すると、「自分に与えて自分で受け取る」というサイクルが確立します。

結果、「私は幸せになっていい存在なんだ」「幸せを受け取っていいんだ」と思えるようになり、幸せな未来がかなっても、喜んで受け取れるようになるのです。

願いがかなう前から、幸せな自分になって目的地に着くのをワクワク待てたら、必ず未来は幸せになっていきますよ。

脳は基本的に変化を嫌う

「こうなる」と決めたとしても、「だけど難しいかも」「やっぱり無理かも」そんな不安に気持ちがゆらいでしまうことも、もちろんあります。

脳は基本的に変化を嫌います。

私たちは暑いときに汗をかいて熱を下げようとしたり、逆に寒かったら体をふるわせて体温を上げようとします。元の状態を維持しようとするために本能が働くのです。ダイエットでなかなか体重が減らない停滞期がやってくるのもこのためです。

ですから、今よりもっとよくなろうとすると、「今までダメだったし」「やっぱり無理かも」とネガティブ感情が出てきて、変化しないよう、脳が元の状態に戻そうとしてきます。

しかし、そんなときこそ、「**けどどうなりたいんだろう？**」と自分に問いかけてみてください。

でもかなえたい！　幸せになりたい！　と思うなら、「愛される恋をかなえるぞ！」「幸せな恋をするぞ！」と目的地を決め直しましょう。

目的地は「自分との約束」

日々の中で「本当はこうしたいけど我慢しよう」「彼に伝えたいけど嫌われるから言えない」と、自分が幸せではない選択や行動をしていたら、自分でルート変更してしまっているようなもの。幸せにはたどり着きません。

「年末までに3キロやせる！」と決めても、何もせずモリモリ食べていたらやせませんよね（笑）。それといっしょです。

「決める」というのは、「自分との約束」です。約束をすれば、守れるように行動したり、考えたりしますよね。

「幸せな恋をする」と目的地を決めたらそこに向かっていくのです。

「愛されて幸せだな♡と思える恋をする！」と自分と約束したら、その約束を守ることが大切な自分にしてあげられること。

たとえば、次のようにしてみましょう。

・自分が幸せだなと思える選択や行動をしていく

（例）ランチを選ぶとき、「これでいいや」と一番安いものを選ぶのではなく、「これが食べたい♪」と思うものを選ぶ。彼から連絡が来るかもしれないと週末を空けておくのをやめて、自分のやりたい・行きたい予定を入れて週末を過ごす。

・自分で自分を幸せにしてあげる

（例）仕事で疲れたからゆっくり湯船につかる。週末行きたかったカフェに行ってのんびり本を読む。

・いつでも自分の味方でいる

（例）落ち込んだとき、自分に優しい声をかけてあげる。小さなことでも自分を褒める。

・自分を大切にしてくれる人とつき合う

（例）全否定するような人や約束を守ってくれない人とは少し距離を置く。好きな彼であっても、自分がイヤだと思うことは素直に伝える。

〝約束〟といっても、「破らないようにがんばらないと（泣）」と苦しみながら行動するわけではありません。幸せな未来のためにできる、幸せな約束だと忘れずに、楽しみながら行動してくださいね。

自分の未来は自分で創っていくのです。今、愛される自分を自分で創っていくことで、本当に愛される恋がかなうようになりますよ。

今日から、「愛されること」を自分と約束してくださいね。

恋は楽しめば楽しむほどうまくいく

今の恋は楽しいですか？

・毎日が楽しくなって
・仕事もがんばれて
・美意識も高まって
・些細なことでドキドキして
・毎日が幸せで
・心も優しくなれちゃう

女性にとって恋愛は、人生を輝かせてくれる大切なもののひとつ。
恋愛を楽しんでいるときって、毎日がキラキラして、目の前の世界も輝いて見えますよね。

それだけ大切だからこそ、不安になるのも悩むのも自然です。しかし、一生懸命になりすぎて、「どうしたらうまくいくだろう」「どうしたら好きになってくれるだろう」「早く進展させたい！」と頭でぐるぐる考えると、目の前の恋を楽しめなくなってしまいます。

するとたくさんエネルギーを使って考えているにもかかわらず、うまくいかなくなってしまうのです。


今の恋がどんな状況でも、まずはそれを楽しむのが大切です。

心の中が不安でいっぱいになって、目の前の恋が楽しめなくなっていたら、彼への「大好き♡」という温かい想いを感じてみましょう。


「彼のこんなところが好きだな〜」

「こんなふうに過ごせたら幸せだろうな」

「会えたらどんな服でデートしようかな」

「こんなに好きになれる人がいるって幸せだな」

〝彼と今いっしょにいない〟という状況は同じでも、どこを見ているかによって、自分のエネルギーは大きく違ってきますよね。こうやって彼を温かく想えると、恋は苦しくなくなります。

恋愛は苦しい面ではなく幸せだけに目を向ける

幸せな恋をかなえる人は、恋愛の幸せな部分に目を向けているのです。

これは、自分の心の状態が大きく反映されるもので、**自分の心が満たされていると、自然と見る世界は明るくポジティブなものになります。**心が満たされていないと、ないものばかり見えてきます。

ないものを見つけるのはすごく簡単です。彼がいない自分、結婚していない自分、恋がうまくいかない自分、彼が連絡してくれない、誘ってくれない……どんどん出てきますよね。

では、彼ができたら、無条件に幸せが手に入ると思いますか？

実は、**ないもの探しが得意だと、彼ができた後もないもの探しをしてしまうのです。**好きだと言ってくれない、連絡をしてくれない、家事を手伝ってくれない、プロポーズしてくれない……というように、たとえ彼がいても、ないものを見つけてしまいます。

「大好きな人とおつき合いしていたのに、不満ばかり（ないもの）に目が行ってうまくいかなかった」という経験がある方もいるのではないでしょうか。

苦しいときこそ自分を満たすチャンス！

自分の心の状態は恋愛に大きく影響します。自分の心が満たされていればいるほど、「ある」ものに意識を向けられるようになり、恋愛を純粋に楽しめるのです。

少し苦しくなっているなと思ったときこそ、自分の心を満たすタイミ

ングです。

自分の声をたくさん聞き、小さな「これがしたい」をかなえて、大切な存在として接してあげてください。

恋愛には遠回りに思えるかもしれませんが、少しずつ心が満たされていき、願いがかなった後の、彼との幸せな未来にもつながっていきますよ。


私たちは当たり前のように誰かに出会い恋をしていますよね。

でも、この世界で３万人と何かしらの接点を持つと考えると、人と人が出会う確率は３万÷70億でおおよそ０・０００４％です。さらに、ロンドン在住の数学者ピーター・バッカスさんの論文によると、理想の恋人に出会う確率は０・０００３４％だそうです。これはバッカスさんがイギリスの人口や自分のモテ度をもとに「ドレイクの方程式」を使って計算したものだそうですが、つまり、恋をするのは本当に奇跡的な確率なんです。

好きと思える人との出会いは、神様からの最大のプレゼントです。恋をすることは人生に大きな影響を与えます。

笑ったり泣いたり、恋愛というプレゼントを神様からもらい、1人では感じられないたくさんの感情と向き合って、より豊かで輝く自分に成長できるのです。

不安で苦しくなることもあるけれど、彼に出会えていなかったら、

・こんなに誰かを好きになれる
・こんなに誰かの笑顔を祈ることができる
・こんなに不安になる自分がいる
・こんなに誰かを幸せにしたいと思える

そんな素敵な自分に出会えなかったかもしれません。

幸せな恋愛を、不安がないこと、愛されていること、両思いになれること、結婚することだと思っている人も多いと思います。

ですが、実はそうではないのです。

好きだと思える人に出会えたこと。
不安になりながらもその恋と真っすぐに向き合えたこと。
それだけで、本当に幸せな恋愛です。

どんな恋も奇跡です♡
不安になったら一度立ち止まって、出会えたこと、好きになれたこと、恋をすることの奇跡をたくさん感じてみてください。
温かい気持ちで恋ができたときほど、恋を楽しめば楽しむほど、幸せな恋はかないますよ。

おわりに
不安な恋のその先は？

最後まで読んでくださってありがとうございました。

私たちのもとには、たくさんの方から恋愛のご相談が届きます。みんな不安を抱えたり、恋愛で悩んでいる方ばかり。そんなみなさんを、私たちはうらやましいなと思うことがあります。

「2人は幸せな恋愛をして結婚しているのになんで？」と思いますか？　でも今の私たちには、誰かを好きになって、幸せでいっぱいになったり、逆に不安になって眠れない日があったり、そんなにも恋愛で感情が揺れ動くことは、ほとんどないのです。

誰かを好きになって、笑って泣いて。人を好きになるってなんて素敵なんだろうといつも思います。まっすぐに恋をしているみなさんが、とってもまぶしいです♥

だからこそ、ネガティブな気持ちも全部ひっくるめて恋を楽しんでほしい！と思い、この本を書きました。

みなさんがこの本を読み終えたとき、少しでも気持ちが軽くなって、「あの人を好きになってよかったな」「不安になる自分もかわいいな」と思ってもらえたらうれしいです。

私たちが今過ごしている愛する家族との穏やかな日々は、過去にたくさん不安になって、悩んで泣いた日々の延長にあります。

きっとあなたも未来では、「あ～あんなに悩んでいた頃もあったな！」とそんなふうに笑っているはずです。

だからネガティブな気持ちを怖がらず、一つひとつの感情を抱きしめながら、恋をまっとうしてくださいね。

今回ご縁をいただき、この本を出すにあたって携わってくださったすべての方に、心から感謝の気持ちをお伝えさせてください。本当にありがとうございました。

最後に、みなさんをサポートする恋愛のコツや本書のキャンペーンなどをお知らせする公式ＬＩＮＥは、下のＱＲコードからアクセスできます。

ぜひチェックして、あなたも素敵な恋をかなえてくださいね。

恋で不安になったら何度でも読み返したくなる。本書がそんな1冊になったら本当にうれしいです。

あなたの恋がもっともっと幸せで満たされていきますように。

ＹＵＫＡ＆れいたま

YUKA &れいたま

アメブロの「恋愛・恋活ジャンル」でベスト3に入る人気ブログ「苦しい恋が楽しくなる究極の自愛で最高に幸せな恋が叶う方法」を執筆するブロガー。

自身たちの大失恋の経験をもとに、幸せな恋愛をするためのコツや日常を楽しく生きるヒントを発信している。

現在は「幸せ恋コンサルタント」として活躍。開催するセミナーや講座も即満席。自分に自信が持てず、恋に前向きになれない女性の自己肯定感を上げ、幸せな恋愛へと導くプロデュースに定評があり、これまで5000人以上の女性を幸せに導く。

ブログで伝えている【究極の自愛】を実践して、幸せな恋をかなえた方々からの報告多数。

2014年3月(株)LINOSTORYを設立。恋愛コンサルを専門に、女性起業家としても活躍。

「YUKA&れいたま」は、「YUKA(渡部佑香)」と「れいたま(塩野恵利)」の2人の女性からなるユニット。

YUKA(渡部佑香)

1985年生まれ。幸せ恋コンサルタント。

結婚直前での婚約破棄や愛されない恋を数多く経験。30人以上と恋をするも、どれも失恋に終わる。その後、自己肯定感を上げるために自愛を実践。理想の男性と出会い、出会って8か月でプロポーズされ幸せな結婚をかなえる。

現在は、豊富な恋愛経験を活かしたアドバイスが人気。"好き"という素直な気持ちを大切にしながら、ありのままの私で愛される方法を伝えている。

プライベートでは、2014年3月に結婚。2人の男の子を育てるママ。

れいたま(塩野恵利)

1986年生まれ。幸せ恋コンサルタント。

過去つき合った男性全員に浮気をされ、つらい恋を経験。失恋をきっかけに、潜在意識、引き寄せの法則に出会い、復縁活動をスタート。自分の内側を整えることを実践し、念願だった彼との復縁&結婚をかなえる。

いつでも真っすぐで、ポジティブな言葉は、多くの復縁希望者に勇気を与えている。

実体験を元に、潜在意識や引き寄せの法則を使ってかなえる方法をシンプルに伝えている。

プライベートでは、2013年12月に結婚。1人の男の子を育てるママ。

デザイン　太田玄絵

編集協力　大西華子

イラスト　竹内舞

校正　矢島規男

ＤＴＰ　三協美術

編集　江波戸裕子

不安な恋のトリセツ

2021年８月31日　第１版第１刷

著者　YUKA＆れいたま

発行者　伊藤岳人
発行所　株式会社 廣済堂出版

住所　〒101－0052
東京都千代田区神田小川町２-３-13　M&Cビル７F

電話　03－6703－0964（編集）
03－6703－0962（販売）
FAX　03－6703－0963（販売）
振替　00180-0-164137
URL　https://www.kosaido-pub.co.jp

印刷所
製本所　株式会社 廣済堂

ISBN978-4-331-52345-2　C0095